BAPTÊME:
UNE ÉTUDE BIBLIQUE

JACK COTTRELL

Literature And Teaching Ministries
www.latm.info

Tous droits réservés © 2018
Literature And Teaching Ministries

Le titre original en anglais est:
Baptism: A Biblical Study
Tous droits réservés © 1989
College Press Publishing Company
Joplin, Missouri, USA

Traduit par Amber Pierre

Les citations bibliques sont tirées de la version biblique français
« La Sainte Bible » de Louis Segond 1910.

Cet ouvrage est publié par
Literature And Teaching Ministries
Joplin, Missouri, USA
www.latm.info

ISBN 978-1-930992-79-5

TABLE DES MATIÈRES

Introduction 5
  1. Matthieu 28.19-20 9
  2. Marc 16.15-16 21
  3. Jean 3.3-5 29
  4. Actes 2.38-39 (I) 39
  5. Actes 2.38-39 (II) 47
  6. Actes 22.16 57
  7. Romains 6.3-4 67
  8. I Corinthiens 12.13 77
  9. Galates 3.26-27 89
10. Éphésiens 5.25-27 99
11. Colossiens 2.11-13 109
12. Tite 3.5 121
13. I Pierre 3.21 133
Conclusion 143
Biographie 147
Guide d'étude 151

INTRODUCTION

La Bible est loin du silence sur le sujet du baptême. Beaucoup de déclarations claires et simples apparaissent dans des sections didactiques et narratives. Elles sont étendues sur tout le champ du Nouveau Testament, depuis les Évangiles aux Actes, aux épitres de Paul et les épitres générales.

Le problème principal qui sous-entend la confusion moderne sur le baptême n'est pas le manque de matériel biblique, mais plutôt un engagement à priori de certaines présuppositions théologiques. C'est extrêmement difficile – certains diront impossible même – d'être objectif quand on interprète la Bible. On lit, particulièrement les références au baptême, avec des idées préconçues de « ce que cela veut vraiment dire » ou encore « ce qu'il ne veut pas dire sûrement ».

Avec toute connaissance de la difficulté impliquée, notre but dans cette étude est d'examiner les passages principaux du Nouveau Testament sur la signification du baptême comme si nous le voyons et l'entendons pour la première fois. Comment les auditeurs originaux ont-ils compris certaines déclarations clés ? Comment Nicodème aurait-il compris Jean 3.5 ? Comment la foule de Pierre aurait-elle interprété Actes 2.38 ? Comment Paul a-t-il compris l'impératif d'Ananias dans Actes 22.16 ? Également, comment les lecteurs originaux d'Actes, de Romains et de Colossiens ont-ils interprété l'enseignement qui y est contenu sur le baptême ? Comment auraient-ils fait pour établir un lien entre cet enseignement et leur propre expérience personnelle ? Pour quelqu'un qui lit le Nouveau Testament aujourd'hui, quel serait la signification naturelle et littérale des passages sur le baptême ? Comment pourrait-il comprendre la référence sur le baptême s'il n'a pas de connaissance préalable ni d'engagement théologique sur un point de vue particulier, par exemple, Réformé, Catholique, Luthérien, ou « Campbellite »?

Bien que cela soit notoirement difficile à accomplir, ce devrait être le but de toutes exégèses ou herméneutiques. On doit rejeter toutes théories herméneutiques qui disent que la signification originale d'un texte est irrécouvrable ou sans importance. On doit s'approcher de la Bible avec la conviction que la signification originale de certains textes, comme prévus par leurs auteurs et compris par les premiers bénéficiaires, est recouvrable à un haut degré de probabilité. Aussi, doit-on prendre la signification originale prévue comme définitivement une autorité première.

Cela ne veut pas dire que les perspectives historiques et théologiques n'ont pas de place dans le processus d'essayer d'accomplir ce but. On doit être prêt à accepter l'aide de quelqu'un qui a déjà étudié un texte et qui a découvert des données pertinentes à sa propre compréhension. Également, on ne peut pas ignorer l'effet limitatif valide de la théologie systématique par rapport à l'exégèse, spécialement si nous croyons à la cohérence logique. Sauf si nous sommes irrationnels, nous devons croire que toutes les doctrines bibliques sont cohérentes entre elles. Tout ce qui est dit sur le baptême doit être cohérent avec ce qui est dit sur d'autres sujets comme le péché, le salut, et l'église. La relation entre les systématiques et l'exégèse est assez didactique. Les données dérivées de l'exégèse des textes les plus clairs doivent être constamment comparées et rassemblées, et les conclusions y obtenues légitimement utilisées pour l'exégèse d'autres textes (surtout ceux qui sont moins clairs).

Malgré cette relation didactique – ou peut-être à cause de cela – nous devons être très sceptiques d'aucun *système* qui nous force à aller contre les significations naturelles ou évidentes sur une grande quantité de textes spécialement sur le même sujet, tel que le baptême. On doit questionner la validité de tout système qui nous exige à interpréter ces textes de façon anormale ou tendue ou d'une façon qui cause ces textes à dire quelque chose qui n'est pas trouvé dans les textes eux-mêmes. En d'autres termes, si la seule raison de toujours faire violence à une grande catégorie de textes est dogmatique, alors nous devons plutôt réviser notre système théologique d'une façon qui nous permet d'être véritables aux textes.

Dans tous les cas notre but dans ce livre est de laisser parler le texte le plus objectivement que possible avec un minimum de référence au système théologique. Nos outils principaux pour comprendre les textes seront la linguistique, la lexicographie, les études de contexte et l'ancienne règle herméneutique de comparer écriture biblique avec écriture biblique. Douze passages clés pertinents à la signification¹ du baptême seront maintenant discutés dans l'ordre qu'elles apparaissent dans nos bibles anglaises. (Toutes les citations bibliques viennent de New American Standard Bible, sauf où notées autrement.)

NOTE

1. Il devrait être souligné que la concentration principale de cette étude est la signification du baptême, non pas sa forme et ses sujets. Ce n'est pas notre but de discuter les détails de ces autres aspects du baptême.

1
Matthieu 28.19-20

La première référence au baptême chrétien dans le Nouveau Testament est dans la Grande Commission rapportée dans Matthieu 28.19-20. Cela implique bien évidemment que le baptême chrétien est différent de tous les autres baptêmes bibliques qui précèdent, incluant le baptême de Jésus par Jean, le baptême de Jean en général, et le baptême par les disciples de Jésus. La distinction sera faite plus clairement ci-dessous. Dans tous les cas l'instruction finale de Christ à ses disciples a compris ces mots : « Allez, faites de toutes les nations des disciples, les baptisant au nom du Père, du Fils et du Saint-Esprit, et enseignez-leur à observer tout ce que je vous ai prescrit » (Matthieu 28.19-20).

Le terme clé dans cette commission est « faites des disciples » dans le verset 19, traduit comme « enseigner » dans la version du King James en anglais. C'est le seul impératif parmi ces verbes dans les deux versets ; les trois autres éléments de la commission sont des participes. « Allez » est le pré-requis pour faire des disciples ; « baptisant » et « enseignez » sont les moyens de faire des disciples.

L'unique importance

La première chose qui nous frappe à propos de ce passage est le fait que le baptême est mentionné dans une commission si succincte et fondamentale. C'est aussi important qu'il est distingué de la catégorie de « toutes choses » que les disciples sont ordonnés à observer. C'est spécialement important vu la conviction des Protestants que le baptême est seulement l'une des « bonnes œuvres » de la vie chrétienne, qu'il n'est qu'un « acte d'obéissance » comparable à beaucoup d'autres actes d'obéissance que nous devons effectuer simplement parce que Dieu les a commandés. Si c'est ainsi, pourquoi le baptême

MATTHIEU 28.19-20 <•> *Chapitre Un*

est la seule commande mentionnée, et pourquoi est-il séparé de « tout ce que je vous ai commandé » ?

La manière dans laquelle la commission est formulée suggère que le baptême a une importance unique dans le processus de faire des disciples. On est tous d'accord que le terme « toutes choses » (grec, *panta*) fait référence aux bonnes œuvres ou actes d'obéissance appartenant à la vie chrétienne ; en d'autres termes il fait référence à l'étendue de sanctification qui suit la conversion. Mais le terme est complet (« *toutes* choses »), et le baptême n'y figure pas. L'implication claire est que le baptême ne doit pas être placé dans la catégorie des bonnes œuvres chrétiennes. Il a une signification distincte de tous autres actes d'obéissance attendus d'un chrétien, et une importance au-delà de ces actes.

L'importance unique du baptême est soulignée par plusieurs autres passages dans le Nouveau Testament là où le baptême est mentionné mais où il ne serait à sa place s'il était seulement une autre bonne œuvre. Un tel passage est 1 Corinthiens 1.10-17, qui est souvent cité pour un but opposé, pour montrer *l'insignifiance* du baptême. Voici ce qu'il dit :

> Je vous exhorte, frères, par le nom de notre Seigneur Jésus-Christ, à tenir tous un même langage, et à ne point avoir de divisions parmi vous, mais à être parfaitement unis dans un même esprit et dans un même sentiment.
>
> Car, mes frères, j'ai appris à votre sujet, par les gens de Chloé, qu'il y a des disputes au milieu de vous. Je veux dire que chacun de vous parle ainsi : Moi, je suis de Paul ! Et moi, d'Apollos ! Et moi, de Céphas ! Et moi, de Christ ! Christ est-il divisé ? Paul a-t-il été crucifié pour vous, ou est-ce au nom de Paul que vous avez été baptisés ? Je rends grâces à Dieu de ce que je n'ai baptisé aucun de vous, excepté Crispus et Gaïus, afin que personne ne dise que vous avez été baptisés en mon nom. J'ai encore baptisé la famille de Stéphanas ; du reste, je ne sache pas que j'aie baptisé quelque autre personne. Ce n'est pas pour baptiser que Christ m'a envoyé, c'est pour annoncer l'Évangile, et cela sans la sagesse du langage, afin que la croix de Christ ne soit pas rendue vaine.

Au premier coup d'œil, certains penseront que Paul dégrade le baptême au point de le voir insignifiant ou facultatif. Après tout, il remercie Dieu qu'il n'a baptisé que quelques personnes (vs. 14, 16),

Chapitre Un <•> MATTHIEU 28.19-20

et dit que sa mission n'était pas de baptiser mais de prêcher l'Évangile (vs. 17). Mais c'est une lecture incomplète et déformée du passage pour plusieurs raisons.

Tout d'abord, il ignore les raisons pour lesquels Paul est heureux de n'avoir baptisé que peu de personnes, comme dit le verset 15 « *afin que personne ne dise que vous avez été baptisés en mon nom.* » Pourquoi est-ce important ? Parce que dans l'église primitive le baptême était si important que l'agent humain qui faisait le baptême était souvent l'objet d'une allégeance spéciale rivalisant l'adoration du Christ qui mène à des factions dans l'église (voir versets 12-13). Ce danger était plus aigu si l'agent humain qui baptisait avait été une célébrité ou une autorité inhérente, tel que Pierre, Paul, ou Apollos. Paul est heureux d'avoir baptisé peu de personnes pour que le cercle de ces convertis ne puisse utiliser cela comme moyen pour se séparer des autres chrétiens. Son raisonnement présuppose *l'importance* du baptême, et non son manque d'importance. Deuxièmement, la commission de Paul (vs. 17) ne pouvait pas être matériellement différente de celle annoncée par Christ dans Matthieu 28.19-20. Bien que la tâche spécifique de Paul soit de prêcher l'Évangile, cela ne devait pas être une cause de *séparation avec le* baptême. Cela veut dire simplement qu'il n'était pas obligé de faire le baptême *personnellement* ; il pouvait laisser cette partie de commission à d'autres, ainsi évitant le potentiel de division. Il assume évidemment que tous ses convertis (et effectivement tous les chrétiens) ont été baptisés, comme il fait référence souvent à leur baptême dans son enseignement (voir Rom. 6.3 ; Gal. 3.27). Paul insiste sur la priorité de sa prédication puisque prêcher *a toujours* priorité sur le baptême dans le sens qu'il doit toujours venir avant. Sans prédication, il n'y aurait aucune foi (Rom. 10.14) ; et sans foi, il n'y aurait pas de baptême du tout.

Troisièmement, l'enseignement étendu de Paul dans des autres passages sur la signification importante du baptême (comme on le verra dans les chapitres 7-12 ci-dessous) ne serait pas cohérent avec l'idée qu'il discréditerait le baptême dans ce passage.

Finalement, une telle idée contredit la leçon principale à apprendre sur le baptême dans 1 Corinthiens 1.10-17, à savoir, qu'il est considéré assez important d'être énuméré dans l'ensemble du développement. Verset 13 dit, « Christ est-il divisé ? Paul a-t-il été crucifié pour vous, ou est-ce au nom de Paul que vous avez été baptisés ? » On voit ici trois choses à considérer par ceux qui sont en danger de diviser l'église avec leur seconde allégeance aux leaders humains : (a) L'église est le corps de Christ. Quand on sépare l'église, on divise son corps. Voulez-vous être coupable d'une telle infraction ? (b) C'est Christ qui a été crucifié pour vous ; c'est Christ qui a effectué l'acte d'achat de l'église par son propre sang. Ne me (Paul) mettez pas au même niveau d'exaltation avec Christ ; je ne vous ai pas rachetés. (c) Vous avez été baptisés au nom de Christ, pas Paul. N'attachez pas de nom humain à cette action qui vous lie à la seule tête de l'église.

Voici le point principal : pourquoi Paul devrait-il élever le sujet du baptême spécialement en conjonction avec les événements importants de la crucifixion de Christ et la division potentielle du corps de Christ, si ce n'était pas parmi les aspects les plus vitaux et sérieux de l'existence et de la vie de l'église ? Comment peut-il si fortement et dans le même souffle leur rappeler qui a été crucifié pour eux et au nom duquel ils ont été baptisés, si le baptême n'était pas dans les rayons d'une telle conjoncture ?

Un autre passage qui met le baptême hors de la catégorie des bonnes œuvres chrétiennes et révèle son unique importance est Éphésiens 4.4-6. Il énumère les sept points fondamentaux pour l'unité chrétienne : « Il y a un seul corps et un seul Esprit, comme aussi vous avez été appelés à une seule espérance par votre vocation ; il y a un seul Seigneur, une seule foi, un seul baptême, un seul Dieu et Père de tous, qui est au-dessus de tous, et parmi tous, et en tous. » On est encore engagé dans la discussion sur l'importance du baptême ! Si le baptême était relativement insignifiant, ou même s'il était seulement égal en importance aux autres devoirs et actes chrétiens, alors pourquoi des tels actes devraient-ils être distingués et énumérés ici à côté des idées d'une plus haute sphère d'importance ? Ses compagnons sont les trois personnes de la Trinité, l'église (un corps), le ciel (un espoir), et la foi. Que « la foi » soit objective (le corps de doctrine accepté) ou subjective (notre attitude commune de croyance) est une affaire de désaccord. Même si c'est ce dernier, alors la foi est le seul autre acte personnel (après le baptême) à être inclus dans la liste. Comment pouvons-nous ne pas voir l'importance de l'inclusion du baptême ici, au moins comparable à l'importance de la foi elle-même ? (Voir Hébreux 6.1-2 pour une liste pareille.)

Chapitre Un <•> **MATTHIEU 28.19-20**

De tels passages nous aident à apprécier la commission dans Matthieu 28.19-20. Ils nous aident à comprendre pourquoi le baptême est spécialement mentionné et séparé de tout ce que Jésus nous a ordonné à observer. Le baptême n'est pas seulement l'obéissance à un commandement, ou quelque chose typique de notre devoir chrétien en tout. Au contraire, il a une place unique dans la commission et dans le processus de faire des disciples. L'unicité du baptême est éclaircie dans l'histoire de Philippe et l'eunuque dans Actes 8.26-40 : une instance où l'exécution de la commission était dirigée divinement. Dans le contexte de l'évangélisation, avec la perspective de convaincre l'eunuque, Philippe « lui annonça la bonne nouvelle de Jésus » (v. 35). Le sommaire de sa prédication est dans un mot : *Jésus*. La seule réponse enregistrée à sa prédication est le cri de l'eunuque : « Voici de l'eau ; qu'est ce qui empêche que je sois baptisé ? » (v. 36). On ne peut pas éviter la conclusion que la prédication évangélique de Jésus inclut l'impératif de baptême. En terme de la Grande Commission de Matthieu 26.19-20, le baptême est quelque chose qui est enseigné *avant* la conversion en vue de *devenir* un disciple, tandis que « enseignez-leur à observer tout ce que je vous ai prescrit » *suit* la conversion et traite des détails de la vie chrétienne.

Au Nom

L'élément dans le texte lui-même qui confirme l'importance unique de baptême est « au nom du père, du fils et du Saint-Esprit » (v. 19). On est littéralement baptisé *dans le nom de* (grec, *eis to onoma*) la Trinité. Quelle est la signification de cette expression, qu'est-ce que cela nous dit sur la définition du baptême ?

Dans le monde biblique le *nom* d'une personne n'était pas seulement un moyen arbitraire d'identification mais était considéré comme intrinsèquement lié à la personne elle-même, représentant ses qualités, son caractère et sa propre nature. Ainsi « *le nom* du Père, du Fils et du Saint-Esprit » (un nom seulement) représente les vraies personnes de la Trinité. Être baptisé au *nom* de la Trinité n'est pas moins qu'être baptisé dans la Trinité elle-même.

Ce que cela veut dire peut être plus précisément expliqué quand on comprend comment le terme « *au nom de* » a été utilisé dans l'époque du Nouveau Testament. Certains sentent que Jésus a parlé l'Araméen ; ainsi la phrase devrait être comprise dans le sens sémitique. L'équivalent sémitique a une signification générale, « en ce qui concerne ; au sujet de ». Mais dans l'usage rabbinique, « au nom de » avait un sens plus spécifique et *final*. Dans ce sens, une action faite « au nom de » quelque chose était faite pour une certaine fin ou une action liée à celle-ci. Ainsi Jésus nous a commissionnés à baptiser des personnes pour un but spécifique lié à la Trinité, ou dans une relation spéciale avec la Trinité.[1]

La nature précise de cette relation peut être apprise par l'usage de la phrase grecque choisie par Matthieu (et approuvée par le Saint-Esprit via inspiration) afin de traduire n'importe quelle phrase d'origine sémitique qui peut l'avoir précédée. La phrase est « *eis to onoma* » qui était un terme technique utilisé dans le monde du travail et du commerce grec. Elle était utilisé afin d'indiquer l'entrée d'une somme d'argent ou une pièce de propriété dans un compte qui porte le nom du propriétaire.[2] Son usage dans Matthieu 28.19 indique que le but du baptême est de nous unir avec le Dieu de la Trinité dans une relation de propriété ; on devient sa propriété d'une façon spéciale, intime.[3] Comme dit M.J. Harris, puisque la phrase indique le transfert de propriété, dans Matthieu 28.19, cela veut dire que « la personne étant baptisée passe à la possession du Dieu de la Trinité. »[4]

Dans cette signification spécifique de la phrase on peut voir pourquoi nous sommes baptisés « *au nom de* » toute la Trinité entière. Dieu le Père a payé le prix pour nous acquérir comme sa propriété, notamment le sang de Dieu le Fils (1Cor. 6.19-20 ; 1 Pie. 1.18-19). Il applique aussi le sceau qui nous marque comme le sien, notamment Dieu le Saint-Esprit (Eph. 1.13). Tout cela devient clair dans le baptême, où le prix de l'achat – le sang de Christ – nous est appliqué (Rom. 6.3-4 ; Col. 2.12) et la marque de la propriété – le Saint-Esprit – nous est donnée (Actes 2.38). Donc nous sommes baptisés « au nom du Père et du Fils et du Saint-Esprit » ; nous devenons la possession spéciale de Dieu dans l'acte du baptême. Il n'est pas étonnant qu'il est distingué dans la commission avec une importance unique !

Une nouvelle condition

La discussion de Matthieu 28.19-20 a suggéré que le baptême n'est pas léquivalent des actes ordinaires d'obéissance mais plutôt doit être vu comme une expérience de conversion qui nous mène à une union avec Dieu lui-même. Ainsi ce qui est connu de ce passage justifie l'évaluation que le baptême à une signification de salut – une conclusion qui sera plus inévitable en vue des autres passages qui seront discutés ci-dessous. En faîte, il semblerait que Dieu est en train d'instituer le baptême comme une *nouvelle condition* pour le salut dans l'ère du Nouveau Testament, en plus de ce qui était requis dans les époques préchrétiennes (à savoir, foi et repentance). Pourquoi cela devrait-il être ainsi ? La réponse sera peut-être trouvée dans Matthieu 28.19-20 pendant que l'on réfléchit sur le fait que le baptême chrétien est le baptême au nom de la Trinité.

Certains le trouveront difficile d'accepter l'idée que Dieu ajouterait une condition au salut dans l'âge Messianique, ainsi le rendant plus difficile apparemment d'être sauvé aujourd'hui que dans la période de l'Ancien Testament. Si la foi et la repentance étaient capables de sécuriser une bonne relation avec Dieu, pourquoi serait-ce différent maintenant ? La réponse reste dans le fait que nous sommes passés à une nouvelle ère, une ère marquée spécialement par la réalisation actuelle du travail de la rédemption et une révélation complète de la nature Trinitaire de Dieu par rapport à ces œuvres. Cette transition est si radicale que ce n'est pas seulement une nouvelle condition qui est ajoutée, mais les anciennes conditions sont changées.

Il n'y a pas d'attention suffisante donnée au fait que la foi exigée pour le salut dans cette ère n'est pas égale à la foi qui suffisait dans les ères précédentes. Dans les ères précédentes quelqu'un qui se soumet à la Seigneurie exclusive du Dieu d'Israël et croit à sa gracieuse promesse de miséricorde était accepté par Dieu. Cela a inclus tous les Juifs qui ont mis leur sincère confiance en un seul Dieu qui s'est révélé au milieu d'eux, et aussi les païens qui connaissaient cette révélation du vrai Dieu et le suivaient de tout cœur. Un exemple de ce dernier serait les gens de Ninive dans le temps de Jonas (Jonas 3.10) et Corneille même avant qu'il ait connu Christ (Actes 10.1-2).

C'est sérieux, cependant, de réaliser que la foi qui a suffi pour le salut et qui a marqué quelqu'un comme pieux dans ce temps-là n'était plus suffisante lorsque l'on a aperçu la révélation complète de l'évangile du Nouveau Testament. Dès que les faits de l'évangile sont connus, même les croyants les plus fervents de l'Ancien Testament faisaient face à un choix : accepter la révélation complète du Dieu d'Israël, ou être transférés au rang de non-croyants. Quelqu'un pouvait être sauvé un moment par sa foi en ce Dieu qu'il connaît dans l'ancienne alliance, et à un autre moment être perdu par son refus d'accepter Jésus en tant que la présence qui rachète et en tant que la révélation complète de ce même Dieu. Sûrement les milliers qui se sont rassemblés à Jérusalem au temps de la Pentecôte (Actes 2), ont inclus des juifs les plus fervents, soi-disant « l'essence de la crème spirituelle ». Mais une fois qu'ils ont entendu l'évangile, ils étaient comptés comme pécheurs sauf si et jusqu'à ce qu'ils aient accepté Jésus comme leur Sauveur. Cela aurait été vrai pour n'importe quelle assemblée juive qui était évangélisée dans cette période de transition difficile entre la foi de l'Ancien Testament et la foi du Nouveau Testament, y compris Saul (qui a entendu la prédication d'Étienne, (Actes 7.57-8.1) et l'eunuque (qui était évangélisé par Philippe, (Actes 8.26). Ce point est clair dans l'analogie de Paul sur l'olivier sauvage dans Romains 11.16, où il dit que les juifs qui ont cru auparavant (les branches naturelles) ont été retranchées à cause de leur incrédulité (v. 20), mais ils pouvaient être greffés de nouveau à l'arbre s'ils ne persistaient pas dans l'incroyance (v. 23).

Deux choses expliquent ce changement radical dans la nature de la foi qui sauve. Premièrement, les vraies œuvres de rédemption sont maintenant accomplies, et la foi qui nous sauve doit être orientée vers ces œuvres spécifiquement et non pas seulement vers les promesses générales d'un Dieu miséricordieux. On sait maintenant que le pardon des péchés est possible seulement par le sang de Christ qui a coulé sur la croix : ainsi la foi doit être « la foi dans son sang » (Rom. 3.25). On sait maintenant que la vie éternelle est possible seulement à cause de la résurrection de Jésus de la mort ; ainsi on doit « croire dans son cœur que Dieu l'a ressuscité des morts » (Rom. 10.9). On sait maintenant que depuis la Pentecôte le Saint-Esprit a été donné du ciel et est offert pour nous en tant qu'une présence régénératrice et sanctificatrice ; ainsi notre foi doit maintenant embrasser cette promesse spécifique du Saint-Esprit (Actes 2.38-39).

La deuxième chose qui nécessite un changement dans la nature de la foi nécessaire pour le salut est le fait que ces œuvres de rédemption ont été accomplies par un Dieu de nature *Trinitaire*. Même si

Chapitre Un <•> **MATTHIEU 28.19-20**

l'idée de la Trinité était prévue dans la révélation de l'Ancien Testament, sa réalité n'était pas explicite. Mais quand le moment est arrivé pour que le travail de rédemption de Dieu soit accompli dans l'histoire, la nature trinitaire de Dieu ne pouvait plus être cachée, puisque les actes distincts de rédemption ont été accomplis par les personnes distinctes de la Trinité. Donc toutefois en Dieu pour le salut aujourd'hui doit être dans le Dieu qui nous a vraiment sauvés, à savoir, le Dieu qui est le Père, le Fils, et le Saint-Esprit. Un démenti de l'existence de la Trinité est rien de moins qu'un démenti que Dieu est Sauveur. Ces deux choses – foi en un Dieu qui est en Trois Personnes, et foi dans les œuvres de salut de Dieu – sont maintenant inséparablement liées.

Ici réside la raison pour l'addition du baptême comme une nouvelle condition pour le salut dans cette époque. Le changement dans le contenu d'une foi qui sauve le rend efficace d'ajouter cette condition appropriée, pas en tant que nouvelle condition en soi, mais en tant qu'incarnation concrète de cette foi radicalement différente. Cela rend absolument clair le fait qu'une foi du modèle de l'Ancien Testament n'est plus suffisante, et que l'on doit se soumettre à une foi dans le Dieu de la Trinité pour le salut. Ici réside aussi la raison que le baptême est spécialement un baptême au nom du Père, du Fils et du Saint-Esprit. Dans cet acte le rôle exclusif de Dieu le Fils dans notre rédemption est indélébilement gravé sur nos pensées, comme dans le baptême nous sommes enterrés dans sa mort et sa résurrection pour la rémission de nos péchés (Rom. 6.3-5 ; Actes 2.38). Dans cet acte la présence de Dieu le Saint-Esprit devient une réalité dans nos vies, comme le baptême est le moment où Dieu a choisi de nous donner « le don du Saint-Esprit » (Actes 2.38). C'est le moyen que Dieu a utilisé de nous exiger d'élever notre foi au niveau de la révélation donnée dans le Nouveau Testament de la dimension trinitaire de la propre nature de Dieu et de l'œuvre du salut lui-même.

Voilà pourquoi aucun baptême pré – Pentecôte ne peut être assimilé au baptême chrétien. Le baptême de Jean a été donné et pratiqué dans l'ère de la foi de l'Ancien Testament, avant même que la rédemption trinitaire soit vraiment accomplie et avant qu'une relation trinitaire avec Dieu soit possible. C'était en effet « un baptême de repentance pour le pardon des péchés » (Luc 3.3), mais la relation spécifique avec la croix et le sang de Christ ne pouvait plus être expliquée. En plus, le don du Saint-Esprit n'était pas encore disponible (Jean 7.37-39). Ainsi c'est une erreur sérieuse de penser que le baptême de Jean Baptiste et le baptême chrétien sont pareils dans leur sens et leur importance. Au jour de la Pentecôte aucune exception n'était acceptée pour ceux qui avaient reçu le baptême de Jean ; « repentez-vous et que chacun de vous soit baptisé » (Actes 2.38). Paul a donné le baptême chrétien à ceux qui ont reçu seulement le baptême de Jean, spécifiquement parce que ce dernier manquait l'aspect trinitaire (Actes 19.1-6). Peu de leçons sérieuses peuvent être apprises sur le baptême chrétien de la pratique du baptême de Jean, y compris le baptême de Jésus. Il est tout à fait inapproprié d'utiliser le baptême de Jean en tant que modèle ou exemple pour le baptême d'aujourd'hui, quelle que soit sa nécessité ou sa signification.

La relation entre le baptême et la trinité a donc une extrême importance, et la signification que cet acte reçoit de son inséparable connexion avec la foi trinitaire est difficile à exagérer. Quand on donne au baptême un sens moins que ce qui est décrit dans le Nouveau Testament et dans Matthieu 28.19-20 en particulier, nous affaiblissons la signification profonde de cette transition historique de la foi en Dieu pré-trinitaire de l'Ancien Testament à la foi du Nouveau Testament, une transition que Jésus-Christ lui-même a liée au baptême chrétien. Également, quand nous négligeons d'utiliser la formule trinitaire dans un service de baptême, on ignore l'un des éléments principaux de la nouveauté de cette nouvelle ère. Cette négligence n'invalide pas le baptême, mais sûrement il démontre un manque de respect pour la commission de Jésus, et gaspille une occasion principale de témoigner de notre foi trinitaire et d'impressionner le nouveau-converti qu'il doit son propre salut à l'œuvre du Père, du Fils et du Saint-Esprit.[5]

Sommaire

Concernant la signification du baptême discuté dans Matthieu 28.19-20 nous avons discuter les points suivants. Premièrement, le fait que le baptême est spécialement mentionné dans la Grande Commission et aussi le fait qu'il est distingué, d'autres actes d'obéissance ordinaires indiquent qu'il a une importance unique dans le processus de faire des disciples. Deuxièmement, l'essence de cette importance est que le baptême est « au nom » du Dieu de la Trinité ; en cela nous devenons la possession de Dieu. Finalement, la nécessité de la nouvelle Alliance pour une foi trinitaire spécifiquement est la raison pour l'addition de baptême comme nouvelle condition du salut, puisque son intention est de nous relier à la Trinité en fait et en symbole.

NOTES

1. Hans Bietenhard, « ὄνομα, etc., » *Theological Dictionary of the New Testament* [Dictionnaire Théologique du Nouveau Testament], ed. Gerhard Friedrich, tr. Geoffrey W. Bromiley (Grand Rapids: Eerdmans, 1967), V: 274-275.
2. Albrecht Oepke, « βάπτω, etc., » *Theological Dictionary of the New Testament* [Dictionnaire Théologique du Nouveau Testament], ed. Gerhard Kittel, tr. Geoffrey W. Bromiley (Grand Rapids: Eerdmans, 1964), I:539.
3. See G. R. Beasley-Murray, *Baptism in the New Testament* [Le Baptême dans le Nouveau Testament], (Grand Rapids: Eerdmans, 1962), 90-91.
4. Murray J. Harris, « Appendix: Prepositions and Theology in the Greek New Testament, » *The New International Dictionary of New Testament Theology* [Le Nouveau Dictionnaire International de la Théologie du Nouveau Testament], ed. Colin Brown (Grand Rapids: Zondervan, 1978), 111:1209.
5. Une partie de cette information est publiée dans le livre de l'auteur, *What the Bible Says About God the Redeemer* [Ce que Dit la Bible sur Dieu le Rédempteur] (Joplin, Mo.: College Press, 1987), 171-173.

2
Marc 16.15-16

La prochaine référence dans le Nouveau Testament au baptême chrétien est dans le sommaire de Marc de la Grande Commission : « Puis il leur dit : Allez par tout le monde, et prêchez la bonne nouvelle à toute la création. Celui qui croira et qui sera baptisé sera sauvé, mais celui qui ne croira pas sera condamné » (Marc 16.15-16). Puisque ce passage apparaît dans une section de texte grec disputé, on pourrait donc dire que cela ne devrait pas être discuté ici du tout. Les douze derniers versets de Marc (16.9-20) apparaissent dans la version *Textus Receptus* du testament grec (qui est à la base de la version de King James), mais l'évidence des manuscrits plus récents a conduit la plupart des spécialistes à conclure que c'était une addition ultérieure à l'évangile de Marc et cela ne devrait pas être considéré comme une partie du canon inspiré. Les éditeurs du texte grec des Sociétés Bibliques Unies le trouvent « quasiment certain » que les versets 9-20 devraient être omis.

Sans essayer de résoudre la question textuelle, on va continuer avec l'assomption que Marc 16.16 est canonique. Même si c'est prouvé à ne pas être le cas (ce qui semble vraiment être la conclusion la plus probable), la doctrine biblique du baptême ne sera ainsi pas diminuée. Rien n'est appris de ce verset qui ne peut pas être détaché des autres enseignements sur le baptême dans le Nouveau Testament.

Le baptême et la foi

C'est accepté universellement que la foi est maintenant et était toujours une condition essentielle pour le salut. Voir Jean 3.16, Actes 16.31; Éphésiens 2.8. La première chose qui nous frappe dans Marc 16.16 est que la foi et le baptême sont intimement liés dans ce contexte. Si quelque chose d'autre devrait être lié dans une telle relation avec la foi, il y a d'autres choses qui sembleraient plus appropriées que le baptême. Par exemple, nous ne serions pas surpris à « Alors quiconque invoquera le nom du Seigneur sera sauvé » (Actes 2.21). Ou encore, « celui qui croira et qui se repentira sera sauvé » (Marc 1:15; Actes 20:21). Ou encore, « Si tu crois dans ton cœur que Dieu l'a ressuscité des morts, tu seras sauvé » (Rom.10.9-10). Les actes tels que la prière, la repentance, et la confession apparaîtraient avoir une sorte de ressemblance familiale à la foi, tandis que le baptême semble être une sorte d'acte complètement différent.

Voici pourquoi il est si important de noter la conjonction proche de la foi et du baptême dans cette commission. Cela devrait nous faire réexaminer notre préconception du baptême et de comprendre qu'il n'est pas tellement différent de la foi après tout. C'est confirmé par d'autres passages qui lient les deux. Nous avons déjà commenté sur Éphésiens 4.5 dans le chapitre précédent. Deux autres qui devraient être bien notés sont Galates 3.26-27 et Colossiens 2.12. Beasley-Murray note et documente le fait que dans le Nouveau Testament tous les dons de grâce promis à la foi sont aussi promis au baptême.[1]

Quel est l'objet principal de la foi imposée sur nous dans Marc 16.16 ? Comme toute foi qui sauve, elle doit être orientée vers les promesses de Dieu sur la miséricorde et le salut. Dans cette époque, elle doit être orientée spécialement vers Jésus-Christ et son œuvre de rédemption et de résurrection. C'est l'une des raisons pour lesquelles la foi a une affinité naturelle avec le baptême, à savoir, parce que le baptême dans sa propre action symbolise la mort, l'enterrement, et la résurrection de Christ (voir Romains 6.3ff). La parole promise de Dieu, dans laquelle on croit, est visualisée dans le baptême chrétien, afin que le baptême devienne lui-même une visualisation de foi.

Mais il y en a toujours. Non seulement le baptême incarne les objets principaux de notre foi et les promesses qui y sont connectées, mais il est aussi une promesse lui-même (voir la section « Baptême comme promesse » ci-dessous): « Celui qui croira et sera baptisé *sera sauvé.* » Ainsi la foi qui sauve n'est pas seulement une croyance en ce que Dieu a promis de faire dans la mort et la résurrection de Christ (à savoir, expier nos péchés et vaincre la mort), mais aussi croire à ce qu'il a promis de faire dans le baptême lui-même (à savoir, appliquer le sang de Christ qui nous rachète à nous-mêmes personnellement et de nous élever de la mort spirituelle – Romains 6.3ff, Colossiens

2.12). Ainsi on peut conclure qu'il est plus approprié que la foi et le baptême soient liés ensemble comme conditions pour le salut.

Le baptême et le salut

Une autre chose qui se distingue ici est la connexion simple et catégorique entre le baptême et le salut:

« Celui qui croira et qui sera baptisé sera *sauvé*. »

Une telle déclaration est cohérente à la conclusion tirée de notre discussion de Matthieu 28.19-20, que le baptême est maintenant une condition pour le salut. Ceux qui ont entendu ou lu ce verset pour la première fois ont dû le comprendre de cette façon; c'est la seule façon naturelle de lire ces mots. Par désignation divine, il y a quelque chose d'efficacité du salut qui se produit dans le baptême chrétien. Cela correspond avec 1 Pierre 3.21, « Nous aussi maintenant, nous sommes sauvés sur la base du baptême. »

Le salut n'est pas qualifié d'aucune façon; on ne peut pas le considérer moins que pour compléter le salut, y compris le pardon des péchés et le don du Saint-Esprit (voir Actes 2.38). Puisque le baptême et la foi sont cités ensemble comme condition, le salut offert au baptême doit être le même que celui offert à la foi elle-même. Le salut offert au pécheur dans une situation évangélique doit donc être offert sur la condition de la foi et du baptême.

La même question que l'on voit en Matthieu 28.19-20 s'élève ici, à savoir, si le baptême n'a pas l'importance spéciale du salut, pourquoi devrait-il être mentionné ici dans la commission ? Si sa connexion avec le salut n'est pas différente de toutes les bonnes œuvres chrétiennes ou d'obéissance chrétienne, pourquoi le baptême seul est distingué pour cet honneur? Pourquoi ne lit-on pas, « celui qui a cru et a fidèlement pris le souper du Seigneur sera sauvé »? Ou, « Celui qui a cru et qui a donné aux pauvres sera sauvé » ? Ou, « Celui qui a cru et qui était fidèle à son époux sera sauvé »? Aussi important que soient ces devoirs, aucun n'a été choisi pour cet honneur; et nous le comprenons. Seul le baptême mérite l'inclusion dans cette commission et une relation au salut comparable à la foi elle-même; nous devons essayer de le comprendre ainsi.

MARC 16.15-16 <•> *Chapitre Deux*

Il y a des gens qui hésiteront à tirer la conclusion évidente de ce passage car la deuxième partie de cette déclaration (la partie négative) omet toute référence au baptême: « Celui qui n'a pas cru sera condamné ». Si le baptême est une condition pour le salut, pourquoi ne lit-on pas « Celui qui n'a pas cru et *qui n'a pas été baptisé* sera condamné »? Peu importe la raison, l'omission ne peut pas être utilisée légitimement pour nier la force de la première phrase. S'il n'y a aucune relation intime entre le baptême et le salut, l'inclusion du baptême dans cette déclaration est inutile et même erronée.

Pourquoi, alors, l'omission? Deux raisons ont été soulevées, les deux impliquant la priorité inhérente de la foi dans le processus du salut. Premièrement, quand elle est comparée à toutes autres choses que le pécheur peut ou doit faire pour recevoir le salut, la foi est essentielle dans le sens qu'elle a une priorité chronologique fondamentale. La personne qui ne croit pas ne va pas sûrement chercher le baptême en premier lieu; et même si elle le fait, son baptême sera insensé sans la foi. Ainsi il n'est pas nécessaire de mentionner les deux – la foi et le baptême – dans la clause négative, puisque l'efficacité du baptême présuppose la présence de la foi (voir Colossiens 2.12). Considérez la déclaration suivante : « Celui qui allume sa télévision et qui branche sur la chaîne 5 verra le programme: mais celui qui refuse de l'allumer ratera le programme. » Puisque allumer la télé est nécessaire pour toutes les autres choses, il n'est pas nécessaire de mentionner la chaîne dans la deuxième phrase. Également, même s'il branche sur la chaîne 5 mais n'allume pas la télévision, il ne verra pas le programme.

C'est l'explication la plus raisonnable pour l'omission du baptême dans la deuxième phrase qui serait probablement comprise de cette façon par quelqu'un ayant vu cette déclaration pour la première fois sans préjugé théologique. Une deuxième explication possible a été suggérée, cependant, qui distingue entre ce qui est *absolument* nécessaire pour le salut et ce qui est *relativement* nécessaire pour le salut. L'idée est que même si le baptême a été nommé par Dieu comme une partie nécessaire du processus du salut dans l'âge du Nouveau Testament, il est quand même une nécessité relative et peut s'en dispenser dans des circonstances extraordinaires. La seule condition qui est absolument nécessaire et inhérente pour le salut est la foi; par conséquent elle est seulement mentionnée dans la deuxième clause.

Chapitre Deux <•> MARC 16.15-16

Il est concevable que l'on peut être sauvé sans le baptême, mais pas sans la foi.

Cette distinction était reconnue à travers l'histoire chrétienne. Le « baptême du sang » et le « baptême du désir » ont été acceptés comme substitution valide pour le baptême de l'eau dans des circonstances où le baptême de l'eau est physiquement impossible. « Le baptême du sang » fait référence aux martyrs ; une situation dans laquelle une personne a mis sa foi en Christ mais ele est livrée au martyr pour sa foi avant même qu'elle a eu la chance d'être baptisée. (Cette possibilité était courante dans les siècles chrétiens primitifs quand la foi initiale et le baptême étaient souvent séparés par des longues périodes d'instruction de catéchumène.) « Le baptême du désir » fait référence à n'importe qu'elle situation où un croyant désire honnêtement remplir les conditions du baptême mais il est empêché par des circonstances physiques irrémédiables, par exemple : emprisonnement, crucifixion, dans une fusillade, perdu dans un désert. Dans un tel cas il est raisonnable de supposer que Dieu « prenne la volonté pour l'acte » et sauve quelqu'un sans baptême, sous condition que cette personne croie au Seigneur Jésus-Christ.

Dans cette connexion nous devons faire attention pour nous protéger contre une erreur commune dans le Protestantisme, à savoir, de passer rapidement sur la distinction entre la nécessité absolue et la nécessité relative par rapport au baptême. C'est une pratique courante de citer une situation dans laquelle le baptême est impossible pour un croyant (ex: être perdu dans le désert) et de conclure que le baptême n'a aucune connexion avec le salut. C'est-à-dire, un exemple qui prouve que le baptême n'est pas absolument nécessaire est utilisé pour prouver qu'il n'est pas nécessaire même sous des circonstances ordinaires. C'est un *non sequitur* : cela ne se suit pas. Dans n'importe qu'elle situation normale où le baptême de l'eau est possible, il est une condition pour le salut : « Celui qui croira et qui sera baptisé sera *sauvé*. »

« Le voleur sur la croix » est souvent mal utilisé dans ce contexte. Premièrement, la façon par laquelle le voleur a été sauvé est sans rapport pour l'ère chrétienne actuelle puisqu'il était sous l'ancienne alliance et le baptême chrétien n'existait pas encore. Deuxièmement, même si son cas était valide, il devrait être un exemple seulement du

« baptême du désir » (non pas de sang ou de martyr) et prouverait seulement que le baptême ne partage pas la nécessité absolue de la foi. Ce cas n'a pas rapport avec ce qui serait requis pour des circonstances ordinaires; il ne peut pas être utilisé pour nier l'affirmation claire et simple de la première clause de Marc 16.16.

Baptême comme promesse

Beaucoup de gens auront de la difficulté à accepter une relation si proche entre le baptême, la foi, et le salut comme enseignés dans Marc 16.16. C'est à cause de l'assimilation générale de l'idée discutée ci-dessus, que le baptême n'est qu'une commande parmi d'autres adressées aux chrétiens, l'obéissance à laquelle constitue « des bonnes œuvres. » Ce qui doit être compris est que l'essence fondamentale du baptême est plutôt une promesse qu'un commandement.

En gros, les commandements sont des impératives du Créateur et du Législateur à ses créatures en tant que *création*. Ils nous disent ce que nous devons faire afin que nous soyons fidèles à notre propre nature et afin d'honorer Dieu: « Vous devez faire ainsi. » De l'autre côté, les promesses sont en gros la parole de Dieu le Rédempteur à ses créatures en tant que *pécheurs*. Ils nous disent ce que Dieu a fait et ce qu'il fera pour nous sauver: « J'ai fait cela, et je ferai cela. »

Le baptême tombe plutôt dans la deuxième catégorie que dans la première. Dans l'impératif du baptême, Dieu ne nous commande pas tellement de faire quelque chose ; plutôt Il promet de faire quelque chose pour nous. Quiconque croit et est baptisé sera sauvé: c'est une promesse. Quiconque se repent et est baptisé pour la rémission de ses péchés recevra le don du Saint-Esprit: c'est une promesse (Actes 2.38-39). Le pécheur n'a-t-il pas besoin de cela? Il n'a pas besoin de plus de commandements ni de lois; il a besoin de la promesse d'aide, la promesse du pardon, la promesse de faire un chemin, un chemin pour échapper au piège du péché. C'est exactement ce qu'est le baptême. C'est la promesse de Dieu de nous rencontrer en ce moment et de nous accorder le pardon et une nouvelle vie.

C'est ainsi que la personne en train d'être baptisée devrait être instruite à penser à son baptême imminent. Il n'obéit pas seulement à un impératif mais il accepte aussi une promesse du Dieu gracieusement, la promesse de quelque chose dont il a besoin d'urgence. Ici dans Marc 16.16 la forme de la déclaration est celle d'une promesse. Il est vrai que parfois l'instruction concernant le baptême est dans une forme grammaticale du commandement, comme dans Actes 2.38 ou Actes 22.16. Mais en essence, ces impératives n'ont pas le caractère de « l'ordre d'un patron. » Elles sont plutôt comparables à l'instruction d'un médecin au malade: « Veux-tu être guéri? Alors prend ce médicament. » Même si l'instruction est dans la forme grammaticale d'une impérative, un malade n'y répondrait pas comme s'il obéissait à un ordre. Il l'acceptera comme une parole de promesse et d'espoir; il l'exécutera avec hâte espérant recevoir les bénéfices de la connaissance et le travail du médecin. L'impérative concernant le baptême pourrait être comparée au mot d'une personne qui jette une corde à un homme qui se noie: « Attrape la corde! » La corde sera immédiatement saisie avec gratitude comme une promesse du salut. De même, quand le pécheur entend la parole « Vous devez être baptisé, » il devra répondre comme s'il accepte la promesse du salut: « Celui qui croira et qui sera baptisé sera sauvé. »

Cela s'applique non pas seulement au pécheur qui sera baptisé, mais aux chrétiens dont l'événement du baptême est passé. C'est spécialement significatif quand on commence à être découragé sur notre évolution chrétienne ou tenté de douter de notre salut. Nous pouvons nous rappeler le point de référence concret et objectif de notre expérience, le moment où Dieu a promis de couvrir nos péchés avec le sang de son cher fils et de nous accepter à partir de ce moment comme si nous n'avions jamais péché. Ainsi la promesse du baptême est une source de force continuelle et d'encouragement à travers toute notre vie chrétienne.

Sommaire

Qu'est-ce qu'on apprend de Marc 16.15-16 sur l'importance du baptême? Tout d'abord, le fait qu'il soit intimement joint à la foi suggère qu'il a plutôt le caractère de la foi que celui d'une œuvre. Ensuite, Dieu a ordonné le baptême comme condition au salut dans n'importe quelle situation normale où il peut être effectué. Et enfin, même si le baptême est un impératif qui doit être obéi, l'essence du baptême est plus proche d'une promesse qu'un commandement.

NOTE

1. Beasley-Murray, *Baptism in the New Testament* [Le Baptême dans le Nouveau Testament], 272-273.

3
Jean 3.3-5

Le troisième passage du Nouveau Testament qui discute la signification du baptême est Jean 3.3-5, qui fait partie de la conversation de Jésus avec Nicodème sur la nécessité d'une nouvelle naissance:

> Jésus lui répondit: « En vérité, en vérité, je te le dis, si un homme ne naît de nouveau, il ne peut voir le royaume de Dieu. » Nicodème lui dit: « Comment un homme peut-il naître quand il est vieux? Peut-il rentrer dans le sein de sa mère et naître ? » Jésus répondit: « En vérité, en vérité, je te le dis, si un homme ne naît d'eau et d'Esprit, il ne peut entrer dans le royaume de Dieu. »

Bien que l'on n'y aie pas l'unanimité que le mot *eau* dans le verset 5 fait référence au baptême, des arguments très forts peuvent être avancés pour maintenir qu'il a été l'opinion prédominante à travers l'histoire chrétienne.

L'eau et le baptême

Si l'eau dans Jean 3.5 ne fait pas référence au baptême, à quoi fait-il référence alors? Deux possibilités principales ont été suggérées. Tout d'abord, certains ont essayé d'assimiler la naissance d'eau du verset 5 avec la naissance *physique*, l'eau lui-même faisant référence au liquide amniotique. Bien que le verset 4 introduise l'idée d'une naissance physique dans ce contexte, le terme « eau » n'est pas utilisé dans ce sens ailleurs dans le Nouveau Testament. Le verset 6 utilise un terme différent pour caractériser la naissance physique, à savoir, « né de la chair. » C'est l'expression courante pour une naissance physique ordinaire contrastée avec la naissance spirituelle ou surnaturelle (Jean 1.13; Rom. 1.3; Gal. 4.23, 29). L'autre problème est que cette interprétation ferait en sorte que Christ dit « Sauf si une personne est née physiquement, elle ne peut être sauvée. » – une affirmation qui serait au moins étrange.

La deuxième possibilité principale est que « eau » ici est utilisée figurativement comme symbole du Saint-Esprit. Une telle figure peut être trouvée ailleurs dans les Écritures, comme dans Essaie 44.3 et Jean 7.37-39. Il est plus probable que la référence de Jésus aux « eaux vives » dans Jean 4.10-14 indique le Saint-Esprit, même si ce dernier n'est pas mentionné spécifiquement dans le contexte. Ainsi un tel usage dans Jean 3.5 ne serait pas conceptuellement étrange ni pour la Bible entière ni pour l'évangile de Jean en particulier. Un argument contre cette position est la nature directe et prosaïque de la déclaration de Jésus dans Jean 3.5, et le manque de toute indication contextuelle d'une intention figurative pour ce terme. Par exemple, ici il utilise le terme non qualifié et simple *eau*, alors que dans Jean 4.10-14 et Jean 7.37-39 il parle du Saint-Esprit comme *eaux vives*. Également, dans ces deux derniers passages, il y a un contraste contextuel entre l'eau ordinaire et l'eau vive offerte par Jésus. Un tel contraste est absent dans Jean 3.5. Finalement, dans Jean 3.5, l'expression « *né d'eau et d'esprit* » est si laconique et concise qu'il n'y a pas de place pour des manœuvres symboliques (comme il y a dans le parallélisme poétique d'Esaïe 44.3, par exemple). Il y a simplement deux noms, les deux qui sont objets de la préposition « de » (*ek*) et sont joints par la simple conjonction « et » (*kai*). Certains ont cherché à identifier l'eau et l'esprit en traduisant *kai* comme « même » voir, « né d'eau, même de l'esprit ». Mais le laconisme de l'expression en plus des autres considérations listées ci-dessus auraient permis cette interprétation seulement s'il n'y avait aucune autre référence reconnaissable, raisonnable ou lisible pour le mot *eau*. Mais ce n'est pas le cas. Dans les deux cas, le contexte historique et littéraire du terme *eau* appellerait immédiatement la pratique commune du baptême dans l'eau.

Quand Nicodème a entendu les mots de Jésus pour la première fois, il avait de nombreuses bonnes raisons pour les appliquer au baptême. Nous qui les lisons aujourd'hui avons vu autre enseignement du Nouveau Testament nous avons cette raison-là et même beaucoup plus de raisons. Tout d'abord, la renommée du ministère de Jean Baptiste, soulignée par la nouveauté de son baptême des juifs repentants (au lieu de les laisser se baptiser eux-mêmes, comme dans le baptême d'Esséniens et les baptêmes des prosélytes), ne peut être surestimée. Tout Israël savait que Jean Baptiste baptisait par l'eau (voir Jean 1.26-31). Nicodème ne pouvait que lier la parole de Jésus avec le travail de Jean.

Deuxièmement, le baptême de Jésus par Jean, ce qui a dû être largement rapporté en ce jour et aussi pour notre lecture, implique une liaison entre le baptême d'eau et la descente du Saint-Esprit. Voir Matthieu 3.16; Marc 1.10; Luc 3.21-22; Jean 1.32-33. Ainsi, une référence à « l'eau et l'esprit » ne nous fera pas penser anormalement au baptême.

Troisièmement, l'enseignement de Jean Baptiste a mis l'accent sur la distinction entre le baptême d'eau et le baptême d'esprit. Voir Matthieu 3.11; Luke 3.16; Jean 1.33. Il est résumé dans Marc 1.8, « Moi, je vous ai baptisés d'eau; lui, il vous baptisera du Saint-Esprit. » Ainsi, quand « l'eau et l'esprit » sont mentionnés ensemble dans Jean 3.8, on pensera naturellement au baptême.

Quatrièmement, un autre aspect de l'enseignement de Jean était la relation entre le baptême de l'eau et le royaume à venir (Matt. 3.2). Ainsi dans Jean 3.5, lorsque Jésus lie l'eau au Royaume, cela nous rappelle le baptême.

Les quatre points s'appliqueraient à ceux qui connaissaient le ministère de Jean Baptiste, y compris Nicodème. La cinquième et la dernière raison pour comprendre la référence de Jésus à l'eau pour signifier baptême s'appliquerait à ceux qui connaissent l'enseignement du Nouveau Testament tout entier. Je fais référence à la relation entre les idées de baptême, naissance et résurrection. Ce passage fait référence à être « né d'eau. » Y a-t-il d'autres passages qui parlent spécifiquement du baptême en tant que naissance? Non, mais il y a deux textes importants qui parlent d'une résurrection de la mort spirituelle, à savoir, Romains 6.4-5 et Colossiens 2.12. Ceux-ci sont importants parce que dans les Écritures, la résurrection et la naissance s'entrelacent métaphoriquement. Colossiens 1.18 et Apocalypse 1.5 parlent de Jésus en tant que « premier-né de la mort » (voir Romains 8.29). Actes 13.33 assimile la résurrection de Jésus au jour de sa conception. Ainsi « élevé dans le baptême » et « né d'eau » sont des concepts équivalents, et nous sommes justifiés en prenant Jean 3.5 comme référence au baptême.

JEAN 3.3-5 <•> *Chapitre Trois*

Certains qui sont d'accord que cela concerne le baptême croient que le baptême de Jean ou même le baptême de prosélytisme des juifs doivent être en vus, puisque Nicodème était familier qu'avec ces types de baptême. Cependant, on n'a pas besoin de limiter la référence à quelque chose dans son propre expérience. Jésus a enseigné publiquement sur des autres évènements et bénédictions à venir sans les expliquer. Il a parlé ainsi de sa résurrection victorieuse : « Détruisez ce temple, et en trois jours je le relèverai » (Jean 2.19-22). Sa déclaration concernant l'eau vive dans Jean 7.37-39 évoque l'épanchement du Saint-Esprit au jour de la Pentecôte. Certains pensent que son enseignement sur manger son corps et boire son sang (Jean 6.53 suivant) fait référence au souper du Seigneur. Ainsi le baptême chrétien ne peut être exclu de Jean 3.5 simplement parce qu'il n'était pas encore institué. En fait, même la deuxième partie de la déclaration, « né de l'esprit » est elle-même une référence à la future ère chrétienne, car la régénération à travers la présence du Saint-Esprit est une bénédiction offerte seulement après la Pentecôte (Jean 7.37-39 ; Actes 2.38-39).

Certains se plaignent que ceux qui sont plus inclinés à une vue sacramentaliste du baptême sont coupables d'interpréter indistinctement toutes références bibliques à l'eau comme référence au baptême.[1] Dans les siècles chrétiens primitifs, une telle plainte aurait été justifiée en vue de l'herméneutique allégorique excessive des pères de l'église, mais cela n'est pas le cas aujourd'hui. Dans presque les 80 occasions où le mot grec pour « eau » (*hudor*) est mentionné dans le Nouveau Testament, il y a seulement trois passages contestés où quelque chose est en jeu : Jean 3.5, Ephésiens 5.26 ; et Hébreux 10.22. Dans les autres références, à peu près 30 parlent d'eau ordinaire dans une situation sans baptême. Dix-huit autres sont mentionnées dans le livre d'Apocalypse, où les scènes symboliques apocalyptiques incluent des variétés de fontaines et de ruisseaux. Jean a mentionné cinq fois « l'eau et le sang » en connexion avec le ministère de Jésus et sa mort. Il y a 16 références à l'eau du baptême incontestées (le baptême de Jean et le baptême chrétien)[2], et 7 références figuratives incontestées.[3] En vue du fait que *l'eau* signifie baptême incontestablement dans 20 pourcent des cas, il n'est sûrement pas irraisonnable d'interpréter de cette façon les trois passages contestés si c'est exégétiquement et théologiquement justifié. C'est notamment vrai en vue du fait que *l'eau* est utilisée dans un sens figuratif dans dix pourcent des cas, et cela sur deux occasions (Jean 4.10-15 [6 fois] et Jean 7.38 [1 fois]). Au vu de la distribution comparative du terme, il y a plus de raison de voir le baptême de l'eau dans les trois passages contestés, y compris Jean 3.5, que de l'exclure.

Entrer dans le Royaume

Ce passage traite sans question le salut et une condition essentielle de celui-ci dans l'ère chrétienne. Le salut est appelé « voir (ou entrer) dans le royaume de Dieu » ; la condition est d'être « né de nouveau. »

Le sens fondamental du mot biblique *royaume* est la royauté ou le règne ou la domination ; le « royaume de Dieu » est le règne de Dieu. Un deuxième sens est le royaume au-dessus duquel le Roi règne. Un thème principal de la prophétie de l'Ancien Testament est l'arrivée du Royaume. Une déclaration typique se trouve dans Daniel 2.44, « Dans le temps de ces rois, le Dieu des cieux suscitera un royaume qui ne sera jamais détruit. » C'était l'élément principal dans l'espoir eschatologique des juifs ; ils « attendaient le royaume de Dieu » (Marc 15.43). Le message de Jean Baptiste était si électrifiant car il déclarait l'imminence de ce Royaume : « Repentez-vous, car le royaume des cieux *est proche*. » (Matt. 3.2). C'était le message de Jésus aussi (Matt. 4.17).

Dans un sens l'arrivée de Jésus lui-même était l'arrivée du Royaume même, car Dieu le Roi était présent en tant que Jésus-Christ pour le but d'établir sa seigneurie sur toute la création. Les évènements qui ont accompli ce but décisivement étaient sa mort, sa résurrection, et son ascension à la gloire. C'était l'établissement de son Royaume au sens de son *Règne*. Le Royaume au sens du *domaine* sur lequel il règne est ceux qui reconnaissent volontairement et se soumettent à la seigneurie de Christ, à savoir, ceux qui font la « bonne confession » que Jésus est Seigneur. Dans sa forme concrètement identifiable, le royaume-domaine est l'église. Les deux sont apparemment assimilés dans Matthieu 16.18-19.

Dans la perspective de Nicodème, le royaume était quand même une réalité future ; mais comme tous bons juifs il serait anxieusement en attente et désireux d'y entrer et d'en faire partie. Jésus lui dit là (et nous tous) qu'est ce qui serait nécessaire pour entrer dans le royaume dès qu'il aurait été établi. (Il n'y a pas de différence importante entre *voir* le royaume [verset 3] et y *entrer* [verset 5].)

« Entrer dans le royaume » est une idée sotériologique. Pour un juif comme Nicodème, cela serait l'expérience du salut ultime. Pour les personnes non juives d'aujourd'hui ou à n'importe quelle personne qui n'est pas imprégnée de l'espoir eschatologique de l'Ancien Testament, l'expression ne conjure pas immédiatement toutes les connotations du salut ; mais c'était son intention.

Entrer dans le royaume est de se soumettre à la seigneurie de Christ et ainsi entrer dans l'état de la grâce et du royaume du salut.

Né de nouveau

L'affirmation fondamentale de Christ dans Jean 3.3-5 est qu'être *né de nouveau* est une condition essentielle pour entrer dans le royaume de Dieu. Dans le verset trois il utilise le mot *anothen*, qui peut signifier « d'en haut » ou « encore ». L'idée principale ici à l'air d'être ce dernier. Au moins Nicodème semble l'avoir compris de cette façon. Dans sa réponse (verset 4) il demande s'il est possible pour un homme âgé « de retourner une seconde fois » dans le sein de sa mère et renaître. Même si le mot lui-même indique l'idée de renaissance, la réponse de Jésus (verset 5) indique que la deuxième naissance est en effet une naissance « céleste » dans la mesure qu'elle soit accomplie par le Saint-Esprit. L'idée d'être « né de Dieu » est fréquente dans les écritures de Jean.[4] C'est un acte surnaturel que seul Dieu, dans la personne du Saint-Esprit, peut faire.

Le concept d'être « né de nouveau » est identique au concept de régénération personnelle trouvé dans Tite 3.5. Les expressions grecques sont pratiquement équivalentes dans la définition. Cette nouvelle naissance ou régénération est le changement qui prend place dans la nature intérieure du pécheur pendant sa conversion. C'est l'un des deux aspects de la « double cure » que Dieu offre au pécheurs-malades. Le premier aspect est la justification ou le pardon, qui change notre relation objective à Dieu et sa loi en éliminant notre culpabilité et la peine de nos péchés. Le deuxième aspect s'occupe du fait que le péché a corrompu nos cœurs et nos âmes avec une dépravation intérieure ; il a infecté nos esprits avec la faiblesse et la maladie et même avec la mort spirituelle (Ephésiens 2.1,5). La régénération est le moment où l'état négatif de notre âme est renversé. C'est une nouvelle création (2 Cor. 5.17) quand nous sommes renouvelés intérieurement (Tite 3.5). C'est une résurrection de la mort à une nouvelle vie (Eph. 2.5-6), une nouvelle vie dans le royaume du Fils bien-aimé de Dieu (Col. 1.13).

Un acte qui est si important que la renaissance et régénération ne peut pas être accompli par nos propres efforts ; c'est un acte de Dieu lui-même sur une âme. La parole prophétique de Dieu à travers Ézéchiel éclaircit que Dieu seul est l'auteur de cette œuvre : « Je vous donnerai un cœur nouveau, et je mettrai en vous un esprit nouveau; j'ôterai de votre corps le cœur de pierre, et je vous donnerai un cœur de chair. » (Ezé. 36.26). C'est spécifiquement l'œuvre du Saint-Esprit, comme indiqué par les mots de la prophétie d'Ezéchiel : « Je mettrai mon esprit en vous, et je ferai en sorte que vous suiviez mes ordonnances, et que vous observiez et pratiquiez mes lois » (Ezé. 36.27). Dans les mots de Jean 3.5, nous sommes « nés de l'esprit. » Paul l'appelle « la régénération et le renouvellement par le Saint-Esprit » (Tite 3.5).

Comme indiqué ci-dessus, cette régénération personnelle par l'Esprit est une bénédiction qui a commencé au jour de la Pentecôte et qui est limitée aux chrétiens de cette ère chrétienne. Les saints de l'Ancien Testament n'ont pas profité de la réalité de la présence du Saint-Esprit et de sa puissance régénératrice. Ainsi dans Jean 3.3-5 la référence était complètement dans l'avenir pour Nicodème. Le royaume dans lequel il voulait entrer n'a pas été encore établi, et la condition pour y entrer n'était pas encore accessible; ni même le baptême chrétien, qui selon les mots de Jésus devrait être intimement associé à la nouvelle naissance dans le royaume.

Le Baptême et le Salut

Étant donné la probabilité que « l'eau » dans Jean 3.5 fait référence au baptême chrétien, et étant donné le fait qu'être « né de nouveau » et « royaume de Dieu » font référence au salut, nous ne pouvons pas éviter la conclusion que le baptême est inséparable à la nouvelle naissance et ainsi est une condition pour le salut. C'est en accord complet avec l'enseignement de Marc 16.16.

La déclaration dans Jean 3.5 est claire. À moins que quelqu'un soit « né d'eau et d'esprit, » il ne peut entrer dans le royaume, ainsi, il ne peut pas être sauvé. Cette nouvelle naissance qui doit précéder l'entrée dans le royaume est *ex [ek] hudatos kai pneumatos*, « de l'eau et de l'esprit. » La préposition *ek* veut dire « de », soit dans le sens de la séparation « loin de » ou source « en dehors de ». Seulement le dernier est applicable ici. Dans un sens, l'eau et l'esprit sont la source de la nouvelle naissance. Des sens différents indiqués par Arndt and Gingrich incluant ceux-ci : « la direction d'où vient quelque chose », « origine », « cause effective », « la raison pour une présupposition pour quelque chose », « la source d'où coule une chose ».[5]

Ce sont des significations très fortes, la plupart reflétant des liens de cause à effet. Personne ne doute cette signification d'*ek* quand elle est appliquée à *pneumatos* (« de l'esprit »). Que le Saint-Esprit est l'origine ou la source ou la cause de la nouvelle naissance est acceptée très naturellement. Ainsi c'est un étonnement pour certains de reconnaître que la même préposition et la même forme grammaticale utilisées pour « l'Esprit » sont aussi de même emploi pour « l'eau ». C'est une phrase prépositionnelle unique, avec une seule préposition qui a deux objets joints à une simple conjonction *kai* (et). Une telle construction (spécialement la non-répétition de la préposition pour le deuxième objet) amène les deux objets dans la plus proche des relations possibles, les faisant deux aspects d'un seul évènement. M. J. Harris a fait les commentaires suivant concernant cette construction et ce verset :

> …Quelquefois, par conséquent, la non-utilisation de la deuxième ou de la troisième [préposition] dans le grec du Nouveau Testament peut être théologiquement significative, indiquant que l'écrivain considère les termes qu'il a placés dans un régime comme appartenant naturellement ensemble ou comme un bloc en concept ou réalité, *ex bydatos kai pneumatos* (Jean 3.5) montre que pour l'écrivain (ou l'orateur) « l'eau » et « l'esprit » ensemble forme une signification unique de la régénération qui est une condition préalable pour l'entrée dans le royaume de Dieu. … Aucun contraste n'est prévu entre l'élément externe de « l'eau » et un renouvellement interne atteint par l'Esprit. Conceptuellement les deux sont un seul…[6]

Chapitre Trois <•> JEAN 3.3-5

L'expression entière, dit Beasley-Murray, définit la manière dans laquelle une personne est « née de nouveau » (verset 3).[7]

Est-ce que cela veut dire que l'eau et l'esprit ont une relation causale identique ou égale à la nouvelle naissance ? Peu de gens (si aucun) sont prêts à aller si loin ; les limitations métaphysiques l'excluent simplement. La seule vraie source, cause, ou origine de la nouvelle naissance dans un sens littéral est le Saint-Esprit. Ce n'est pas vrai seulement parce que c'est seulement l'Esprit qui peut affecter un esprit, mais aussi cette naissance est quelque chose que seul Dieu peut accomplir. Aucun acte physique effectué par une créature ne peut faire ce que seul l'Esprit Divin peut faire.

Cependant le langage de Jean 3.5 rend l'action de l'Esprit *au moins simultanée* avec l'acte du baptême. Ainsi le moins que l'on peut dire est que le baptême est l'*occasion* pour la nouvelle naissance.[8] Si quelqu'un est insatisfait avec la terminologie, c'est parce qu'elle est trop faible, et non pas trop forte. En fait, le langage de Jean 3.5 mérite une façon plus forte de parler de la relation entre le baptême et le salut.[9]

Ce verset plus que tous autres montre la raison de parler de la *nécessité* du baptême pour le salut. Mais comme on a vu dans la discussion de Marc 16.16, toutefois, ce n'est qu'une nécessité *relative*, et non absolue. Comme le texte suggère que la seule nécessité absolue de la part de l'homme est la foi, celui de Jean suggère que seulement l'œuvre de l'Esprit est absolument nécessaire pour accomplir la nouvelle naissance (comme comparée à l'eau). C'est cette conclusion que certains tirent de Jean 3.6, 8, où « né de l'esprit » est utilisé mais pas « né de l'eau ». L'action du l'Esprit est la seule chose absolument indispensable pour la nouvelle naissance. Le baptême n'est pas intrinsèquement nécessaire et peut être omis là où il est physiquement impossible d'administrer. Quand même, la possibilité d'une telle exception dans des circonstances prohibitives ne nie pas les règles prévues dans Jean 3.5 pour des circonstances ordinaires. Certainement notre doctrine sur le baptême doit être établie sur la base des déclarations claires concernant sa nature et ses effets, et non sur des exceptions inférées.

Sommaire

Concernant Jean 3.3-5 on a vu que le terme *eau* au verset 5 est probablement une référence au baptême chrétien même si cela n'a pas été encore institué jusqu'à la Pentecôte. Nous avons vu que ce début à la Pentecôte s'applique aussi à la nouvelle naissance et à l'établissement du Royaume, des concepts liés au salut dans l'ère chrétienne. « Entrer dans le Royaume » veut dire recevoir le salut, et « né de nouveau » est une condition essentielle pour cela. Enfin nous avons vu que le baptême lui-même est une nécessité (relative) pour le salut, puisque personne ne peut entrer dans le royaume sans avoir été baptisé.

NOTES

1. Une discussion utile pour cette plainte est celle de Donald Nash, « Water and Baptism, » Christian Standard (April 30, 1978), 113:396-398.
2. Matt.3.11, 16; Marc 1.8; 10; Luc 3.16; Jean 1.26, 31, 33, 3:23; Actes 1.5, 8.36, 38, 39; 10.47; 11.16
3. Jean 4.10; 11, 14, 15, 7,38
4. Jean 1.13; 1 Jean 2.29; 3.9; 4.7; 5.1; 4. 18
5. William F. Arndt and F. Wilbur Gingrich, *A Greek-English Lexicon of the New Testament and Other Early Christian Literature* [Un Lexique Grec-Anglais du Nouveau Testament et d'autre Littérature Chrétienne Primitive], 14th ed. (Chicago: University of Chicago Press, 1952), 233-234.
6. Murray J. Harris, « Appendix, » 1178
7. Beasley-Murray, *Baptism in the New Testament* [Le Baptême dans le Nouveau Testament], 228, fn. 2. Voilà, dit-il, pourquoi le baptême d'eau ne peut pas faire référence au naissance physique.
8. Beasley-Murray (ibid., 231) est d'accord: « Jean 3.5 est l'occasion où l'Esprit donne à la foi la régénération nécessaire pour le Royaume. »
9. C'est sans doute la raison pour laquelle beaucoup de gens n'admettront pas que « eau » signifie baptême dans ce verset. Ils ont conclu pour des raisons théologiques (et non pas exégétiques) que le baptême ne peut pas avoir une telle relation au salut.

4
ACTES 2.38-39 (I)

Sans doute le passage le plus clair – et probablement pour cette raison le plus controversé – concernant la signification du baptême est Actes 2.38-39,

> Pierre leur dit: Repentez-vous, et que chacun de vous soit baptisé au nom de Jésus-Christ, pour le pardon de vos péchés; et vous recevrez le don du Saint-Esprit. Car la promesse est pour vous, pour vos enfants, et pour tous ceux qui sont au loin, en aussi grand nombre que le Seigneur notre Dieu les appellera.

Ce passage est important parce qu'il décrit la fonction du baptême chrétien au moment de son inauguration au jour de Pentecôte. C'est une partie de l'instruction apostolique pour les pécheurs qui demanderont comment être délivrés de leur péché et culpabilité. Il dit clairement que le baptême est le point important de la promesse de pardon de Dieu et du don du St-Esprit.

L'épanchement Messianique de L'esprit

Dans le calendrier juif, l'évènement d'Actes 2 a eu lieu au jour de la Pentecôte. Pour la communauté chrétienne, ce jour est important car c'était le jour de la naissance de l'église. Dans un sens plus profond, c'était le point de démarcation ou le point historique de la transition entre l'ère de l'ancienne alliance et celle de la nouvelle alliance dont le fondement était déjà construit dans la mort et la résurrection de Christ.

L'évènement central marquant l'inauguration de la nouvelle ère était l'épanchement du Saint-Esprit. Bien-sûr le Saint-Esprit était présent et agissait parmi les saints de Dieu dans le temps de l'Ancien Testament, mais les prophètes et l'Évangile ont promis une nouvelle présence spéciale de l'Esprit comme partie de l'espoir Messianique.

ACTES 2.38-39 (I) <•> *Chapitre Quatre*

Esaïe 44.3 « Car je répandrai des eaux sur le sol altéré, et des ruisseaux sur la terre desséchée; Je répandrai mon esprit sur ta race, et ma bénédiction sur tes rejetons. » Joël 2.28 dit, « Après cela, je répandrai mon esprit sur toute chair. » Ezéchiel 36.27 le met ainsi : « Je mettrai mon esprit en vous, et je ferai en sorte que vous suiviez mes ordonnances ». Jean Baptiste a promis que le Messie baptiserait avec le Saint-Esprit (Matt. 3.11 ; Marc 1.7-8 ; Luc 3.16 ; Jean 1.33). Jésus a promis que l'Esprit serait donné aux croyants comme une présence intérieure (Luc 11.13 ; Jean 7.37-39). À son ascension il a renouvelé cette promesse, comme enregistré dans Actes 1.4-8. Il a dit à ses Apôtres « d'attendre ce que le père a promis. »

Les activités notées dans Actes 2.1-4 sont l'accomplissement initial de ces promesses. Les manifestations extérieures et miraculeuses n'étaient pas le point principal de la Pentecôte, mais seulement le signe ou la preuve que l'invisible, profonde présence de l'Esprit était disponible pour la première fois.[1] Les miracles – spécialement parler en « d'autres langues » (Actes 2.4) – ont réussi dans le but d'attirer l'attention de la foule et de les disposer au message que Pierre délivrerait. Le peuple a demandé en étonnement, « Que veut dire ceci ? » (Actes 2.12). Pierre continue et donne la signification. C'est l'épanchement de l'Esprit promis par Joël, disait-il. C'est l'une des bénédictions principales de l'œuvre accomplie par Jésus, le Messie. Vous l'avez crucifié, dit Pierre aux juifs réunis, mais Dieu l'a ressuscité des morts et l'a élevé à sa propre main droite. « Elevé par la droite de Dieu, il a reçu du Père le Saint-Esprit qui avait été promis, et il l'a répandu, comme vous le voyez et l'entendez. » (Actes 2.33). Car ce Jésus que vous avez crucifié a été exalté en tant que votre Seigneur et Christ (Actes 2.15-36).

Les auditeurs qui ont entendu le sermon de Pierre étaient un grand groupe des juifs fidèles qui adoraient Dieu selon la révélation de l'ancienne alliance. Sans doute beaucoup d'entre eux ont rencontré Jésus et l'ont rejeté, en pensant qu'ils défendaient l'honneur de Yahvé. Ce qu'ils ont entendu de Pierre, confirmé par les manifestations miraculeuses de L'Esprit, a choqué le fondement de leur foi. Jésus – qu'ils ont envoyé à sa mort – était le Messie, envoyé et exalté par Dieu ! De son trône céleste, comme l'expression inaugurale de sa Seigneurie, Il a envoyé le Saint-Esprit tant attendu ! Devant cette réalisation, ils se sont vus comme pécheurs exposés à la colère de

Chapitre Quatre <•> ACTES 2.38-39 (I)

Dieu. « Ils eurent le cœur vivement touché, et ils dirent à Pierre et aux autres apôtres : Hommes frères, que ferons-nous ? » (Actes 2.37).

« Que ferons-nous » pour quoi, exactement ? Pour le fardeau de leurs péchés et leur culpabilité. Que pourront-ils faire pour être libres de ce fardeau ? Voici un exemple primaire du point que nous avons discuté pendant notre discussion de Matthieu 28, que même les juifs les plus fidèles, quand confrontés avec la nouvelle révélation de l'évangile de Christ, sont devenus des pécheurs perdus sauf si et jusqu'à ce qu'ils aient acceptés Jésus en tant que Sauveur et Messie. Les auditeurs de Pierre ressentaient leur état de perdition et ont crié au secours. « Que ferons-nous » pour être sauvé ?

La déclaration de Pierre sur le baptême dans Actes 2.38-39 doit être compris dans ce contexte. Le baptême est au cœur de sa réponse à la question de ce qu'ils doivent faire pour être libres du péché et de la culpabilité.

L'Évangile offert

La réponse de Pierre au pécheur peut être analysée en deux parties : premièrement, la nature du salut offert ; et deuxièmement, les conditions pour le recevoir.

L'offre de l'Évangile fait ici dans Actes 2.38 est une représentation classique de la « double cure » faisant référence à la chanson « Rock of Ages », à savoir, « Que le péché ait la double cure ; sauve-moi de sa culpabilité et de sa puissance ». Une version alternative dit, « Sauve-moi de la colère et rends-moi pure ». Cette double cure est la réponse de Dieu pour le « double trouble » qu'affrontent les pécheurs à travers leurs péchés.[2]

Le premier problème et le plus urgent causé par le péché est la culpabilité. Le pécheur a brisé la loi de Dieu et a encouru la punition. Il se met sous la constante condamnation de la colère de Dieu. C'est un problème sérieux, un problème de mauvaise relation avec Dieu et avec sa loi. La solution de Dieu pour la culpabilité de l'homme est la mort de Christ, dans laquelle Il a pris nos péchés et notre culpabilité sur lui-même, payant le prix avec sa propre souffrance. Par conséquent Dieu peut offrir au pécheur un pardon complet de son péché, une rémission complète, une justification complète, une libération complète de la peur de la condamnation et de l'enfer.

Voici le « pardon de vos péchés » que Pierre offre dans Actes 2.38, et il n'y a aucun doute; c'est ce que le peuple juif demandait. Le pardon lui-même n'est pas une nouvelle bénédiction de l'ère messianique, mais était aussi célébré pour tous les croyants de l'ère pré-chrétienne aussi. La nouveauté est que maintenant le pardon est offert « au nom de Jésus-Christ » puisque sa mort et sa résurrection sont les évènements qui le rendent possible. En tout cas, ce que Pierre a offert incluait ce qui était le plus voulu et le plus demandé par ses auditeurs.

La deuxième partie du trouble double n'est pas aussi facilement aperçu et compris que le premier. C'est l'effet qu'a le péché sur l'âme elle-même. Cela peut être traduit comme immoralité, dépravation, faiblesse spirituelle, maladie spirituelle, même la mort spirituelle. L'effet corrupteur de péché pénètre l'âme comme la maladie ravage le corps ; ils rendent l'âme faible face à la tentation et s'incline au péché de plus en plus. En d'autres termes, le péché affecte non seulement notre *relation* avec Dieu et à sa Loi, il nous affecte *personnellement* aussi. Notre propre nature est corrompue.

L'évangile offert aux pécheurs dans l'ère chrétienne inclut une guérison divine de l'infirmité de l'âme. C'est la nouvelle naissance ou régénération, comme discuté ci-dessus dans notre traitement de Jean 3.3-5. Comme nous avons y noté, cela n'était pas disponible aux pécheurs dans l'ère de l'Ancien Testament. Même si quelques ressources pour combattre la puissance de péché leur étaient disponibles, ils n'ont pas reçu le don de la renaissance. C'est une des nouvelles bénédictions principales de l'âge messianique et l'un des aspects les plus importants de ce qui est offert par l'évangile. Donc les juifs qui ont demandé « Frères, que ferons-nous ? » n'étaient probablement pas au courant de cet aspect du problème du péché et ainsi n'y demandaient pas de solution. Quand l'offre de Pierre incluait les mots « et vous recevrez le don du Saint-Esprit, » c'était un cadeau inattendue ! Car « le don du Saint-Esprit » est la personne et la présence de l'Esprit lui-même, qui entrera dans le cœur réceptif du pécheur afin de le régénérer et d'y demeurer afin de lui donner la force de

Chapitre Quatre <•> ACTES 2.38-39 (I)

surmonter le péché de jour en jour. L'offre du Saint-Esprit *est* l'offre de régénération.

C'était l'explication ultime de Pierre des langues et d'autres phénomènes cités dans Actes 2.1-4 à propos desquels les auditeurs ont demandé, « Que veut dire cela ? » (Actes 2.12). Ce que cela veut dire, dit Pierre, c'est que Dieu à travers Christ a maintenant donné l'Esprit promis. Et ce que cela veut dire *pour vous* c'est que, si vous vous repentez et vous faîtes baptiser au nom de Christ pour la rémission de vos péchés, *vous mêmes vous* allez recevoir ce même Saint-Esprit comme don. Car l'Esprit promis est *pour vous* (Actes 2.39 ; l'ordre des mots dans ce verset rend le « vous » emphatique).

Les conditions

Comme dans Marc 16.16, l'évangile offert dans Actes 2.38 est conditionnel. Un large segment du Protestantisme conventionnel enseigne que le salut de Dieu par la grâce est complètement inconditionnel, mais cette opinion est basée sur une vue erronée de la souveraineté divine de Dieu et sur des exégèses contestables.[3] Les Écritures lient clairement le moment où le pécheur reçoit le salut et le moment où il remplit certaines conditions fondamentales. Dans Marc 16.16 la foi et le baptême sont spécifiés : ici dans Actes 2.38 la repentance et le baptême sont bien mentionnés.

Quand ses frères juifs lui ont demandé, « Que ferons-nous ? » la première instruction de Pierre était qu'ils se *repentent*. La repentance comme condition pour le salut n'est pas un point controversé, même parmi ceux qui aiment souligner « par la foi seulement ». C'est généralement reconnu que la foi qu'il faut pour le salut ne peut pas vraiment exister sans la repentance. Ce dernier est essentiellement une attitude envers le *péché*. C'est une haine du péché et spécialement une haine du péché dans sa propre vie ; c'est une détermination et un engagement de se débarrasser de tout péché rapidement. Puisque le Dieu saint lui-même hait le péché, on ne peut pas vraiment croire en lui sans partager sa haine. Puisque l'œuvre et l'objectif de Christ étaient d'opposer et de vaincre le péché dans toutes ses forces et formes, et puisque son sang a été versé pour l'accomplir, on ne peut pas vraiment croire en Christ sans haïr le péché qui a causé Sa souffrance. Donc même dans les passages où ce n'est pas spécifié (comme

ACTES 2.38-39 (I) <•> *Chapitre Quatre*

dans Actes 16.31), on comprend que la repentance est le frère siamois ou partenaire silencieux de la foi.

Dans Actes 2.38 la repentance est la première condition mentionnée car le souci principal pour ceux qui ont entendu la prédication de Pierre était la conviction de leurs péchés, surtout leur péché d'avoir rejeté Christ et d'avoir causé sa mort. Leur question veut surtout dire, « Que ferons-nous *à propos de ces péchés terribles ?* » Premièrement, dit Pierre, vous devez avoir une attitude correcte envers les péchés : vous devez vous repentir.

La seule autre condition donnée par Pierre était le baptême : « Que chacun d'entre vous soit baptisé au nom de Jésus-Christ pour le pardon de vos péchés. » Puisque Marc a cité le baptême comme condition pour le salut, et puisque Jean donne cela en tant que condition pour entrer dans le royaume de Dieu, nous ne devrions pas être étonnés que le baptême soit présenté ici comme condition pour le pardon du péché, comme pour la réception du don de l'Esprit.

Bien sûr beaucoup ont du mal à accepter ce que Pierre dit à propos du baptême et cherchent des moyens pour éviter ses implications. Une de ces moyens est de nier qu'Actes 2.38 fait référence au baptême dans l'eau. Comme un écrivain a dit, « je doute très sérieusement que Pierre faisait référence au baptême dans l'eau, » parce qu'il n'y aurait pas eu assez d'eau dans le temple pour plonger 3000 personnes (Actes 2.41) et parce que ni ici ni ailleurs le baptême dans l'eau n'est pas spécialement lié au pardon des péchés.[4]

Mais une telle idée n'est pas bien réfléchie. Pierre voulait dire le baptême dans l'eau pour les raisons suivantes. Tout d'abord, il parlait du même baptême prescrit dans la Grande Commission, qui devait être le baptême dans l'eau parce que les apôtres eux-mêmes devaient l'administrer. Deuxièmement, le baptême prescrit par Pierre était quelque chose que les pécheurs eux-mêmes devaient faire (« Que ferons-nous ? ») ; c'était leur décision et leur initiative. Par contre, un baptême purement *spirituel* serait à l'initiative de Dieu. Troisièmement, le langage de Pierre aurait immédiatement fait penser les auditeurs au baptême de Jean (qui était un « baptême de repentance pour le pardon des péchés, » Marc 1.4), qui était connu par tous comme un baptême dans l'eau. Finalement on devrait noter qu'il y avait assez d'eau près de Jérusalem (il n'y aurait pas besoin qu'il soit dans le temple lui-même) pour plonger 3000 personnes.

Ainsi il n'y a aucune bonne raison de voir cela comme référence à autre chose que baptême dans l'eau. Il est mis à côté de la repentance comme condition pour recevoir les bénédictions du salut. Cela ne devrait pas être surprenant par rapport à l'importance du baptême dans la Grande Commission comme rapporté par Matthieu et Marc. En fait, cela aurait été surprenant si Pierre *n'avait* pas mentionné le baptême quand les gens ont demandé, « que ferons-nous ? »

Cela mène à une considération finale relative aux conditions spécifiées dans Actes 2.38, à savoir, pourquoi la *foi* n'est-elle pas incluse ici, surtout parce que la commission dans Marc 16.16 inclut la foi et le baptême ? Nous pourrions déduire de la question dans Actes 2.37 et la réponse dans Actes 2.38 qu'il n'était pas nécessaire de spécifier la foi puisque ceux qui ont entendu le message et ont été « percés au cœur » par cela (verset 37) *ont déjà cru*. Voilà pourquoi ils ont demandé plus d'instruction sur ce qu'ils devaient faire. Si Pierre avait aperçu qu'ils n'avaient pas encore cru, il aurait sûrement exigé leur foi d'abord.

Cela peut être comparé avec la situation dans Actes 16.30-31, quand le geôlier a demandé la même question, « Que dois-je faire pour être sauvé ? » Cet homme, un païen, n'avait pas encore eu l'occasion d'entendre le message du vrai Dieu ou de notre Seigneur Jésus-Christ. Ainsi la réponse de Paul concentre sur la condition fondamentale : « Crois au Seigneur Jésus, et tu seras sauvé. » Cette instruction n'était pas compréhensible ni tout à fait comprise ; c'était une déclaration préliminaire suivie immédiatement de plus d'enseignement : « Et ils lui annoncèrent la parole du Seigneur » (Actes 16.32). Même si ni le baptême ni la repentance ne sont pas spécialement mentionnés, on peut raisonnablement déduire qu'ils étaient inclus dans cette « parole du Seigneur. » C'était sûrement le cas du baptême, puisque le geôlier a été immédiatement baptisé après avoir écouté l'enseignement (Actes 16.33).

D'une façon similaire, on peut considérer que l'instruction de Pierre dans Actes 2.38 a été déterminée par le niveau de réponse déjà atteinte par ses auditeurs. Puisqu'une mesure de foi était déjà évidente dans leur question, il n'y a pas de nécessité de la mentionner expressément.

ACTES 2.38-39 (I) <•> *Chapitre Quatre*

Dans ce lien un autre point peut être noté. Même si la foi n'est pas spécifiquement mentionnée ici comme condition du salut, le contenu de la réponse de Pierre était un appel *implicite* à la foi, et pas seulement la foi des saints de l'Ancien Testament. C'était un appel aux juifs dévoués de se lever à un autre niveau de foi, afin de concentrer leur foi sur un Dieu qui est Trois aussi bien qu'Un. Comme noté dans notre discussion de Matthieu 28.19-20, à partir de maintenant la foi qui sauve doit inclure la foi en Jésus comme Rédempteur divin et la foi dans le Saint-Esprit comme Don divin. Une réponse consciencieuse à l'instruction de Pierre devrait inclure ces éléments, puisqu'il leur a dit d'être baptisés *au nom de Jésus-Christ* afin de *recevoir le don du Saint-Esprit*. Leur foi de l'ancienne alliance n'était plus assez ; la question de s'ils avaient reçu le baptême de Jean devenait maintenant sans importance. Ils sont maintenant obligés d'accepter la parole de Dieu à propos de Jésus-Christ et de l'Esprit comme une partie de leur acceptation de baptême lui-même.

En résumé, les conditions pour recevoir la « double cure » selon Actes 2.38 sont la repentance et le baptême, plus une foi impliquée.

NOTES

1. Voir Jack Cottrell, « Are Miraculous Gifts the Blessing of Pentecost ? » [« Les Dons Miraculeux, sont-ils la Bénédiction de Pentecôte ? »] *Christian Standard* (May 9, 1982), 117 :9-11.
2. Voir Jack Cottrell, *Thirteen Lessons on Grace : Being Good Enough Isn't Good Enough* [Être Bon Assez n'est pas Assez] (Joplin, Mo. : College Press, 1988 reprint of 1976 edition published by Standard Publishing), chs. 5-7.
3. Voir Jack Cottrell, *What the Bible Says About God the Ruler* [Ce que Dit la Bible Sur Dieu le Chef] (Joplin, Mo. : College Press, 1984) chs. 5, 9 ; et *What the Bible Says About God the Redeemer* [Ce que Dit la Bible Sur Dieu le Rédempteur], 389-399.
4. Richard A. Seymour, *All About Repentance* [Tout sur la Repentance] (Hollywood, Fla. : Harvest House, 1974), 123. Le dernier point bien sûr est un exemple d'éviter la question.
5. Il y avait plusieurs grands réservoirs, comme le réservoir de Siloé (juste au sud de la Région de la Temple), qui mesure environs 3m par 12m. Un autre grand réservoir sur le côté sud-ouest de la ville avait un région de surface d'à peu près 3 acres. Voir J. W. McGarvey, *Lands of the Bible* [Les Terres de la Bible] (Philadelphia : Lippincott, 1881), 189-202, pour une description complète des réservoirs de Jérusalem.

5

Actes 2.38-39 (II)

Dans le chapitre précédent nous avons noté que dans Actes 2.38-39 Pierre a spécifié deux conditions pour recevoir les bénédictions de l'évangile pour le pardon et pour le Saint-Esprit, à savoir, la repentance et le baptême. Dans ce chapitre nous explorerons en détail comment le baptême est lié à ces bénédictions.

Le baptême et le pardon

Le baptême pour le pardon des péchés dans l'ère chrétienne n'est pas sans antécédents dans l'ère précédente. Cela a été présagé par les rituels de purification cérémonielle de l'Ancien Testament, aussi appelé les ablutions ou les lavages.

Dans le contexte de la loi mosaïque, quelques actes ou conditions ont produit un état d'impureté rituel ou cérémonial, par exemple, avoir certaines sécrétions corporelles (Lévitique 15) ou toucher un cadavre (Nombres 19.11-22). L'état d'impureté produit ainsi n'était pas moral en nature, mais rituel ou cérémonial. Aucune faute morale ni culpabilité n'y était attachée ; certaines situations qui l'ont causée étaient naturelles ou inévitables. L'effet principal était que la personne rendue impure était considérée impropre à s'engager dans le service religieux devant Dieu. Pour effacer un tel opprobre, certaines rites de purification étaient prescrites, la plupart d'entre eux avec l'eau (exemple, Lév. 11.32 ; 14.8 ; Deut. 23.10-11).

Pour certaines occasions et pour les dirigeants d'adoration spécialement, la purification de l'eau était exigée avant que l'on ne s'approche de Dieu même lorsqu'aucune offense spécifique n'était en vue. Voir Exode 19.10 ,14 ; 29.4 ; Lev 16.4. La cuve de bronze utilisée pour le lavage sacerdotal était particulièrement importante. Les prêtres qui s'en servaient ont été exigés de se laver là-dedans avant de servir dans la tente : « Lorsqu'ils entreront dans la tente d'assignation, ils se laveront avec cette eau, afin qu'ils ne meurent point » (Exode 30.20).

Dans quel sens l'eau ou l'acte lui-même émet un effet si dramatique qui mène à la purification ? En faite ni l'eau ni l'acte de se laver ne *cause* aucun changement. C'est une affaire de décision et de déclaration divine. Dieu a simplement déclaré qu'avant l'acte de se laver, la personne était inacceptable dans sa présence ; après l'acte la personne était acceptable.

Si l'état d'impureté et le rite de se laver eux-mêmes avaient seulement une importance cérémoniale, alors qu'elle était le but de ce système ? En gros il y avait un but symbolique et typique. Le système entier de l'impureté *cérémoniale* et de la purification était une illustration afin d'enseigner sur la pollution *morale* et la vraie culpabilité *légale* devant Dieu, et la nécessité du cœur d'être purifié de ces deux. C'est ainsi que les prophètes ont utilisé les cérémonies dans leurs enseignements. Ils ont utilisé la purification rituelle comme analogie de la purification morale avec laquelle Dieu est spécialement concerné. Quelques enseignements sur cette transition conceptuelle de rituelle à morale incluent Psaumes 51.2,7, « Lave moi complètement de mon iniquité, Et purifie-moi de mon péché… Lave-moi, et je serai plus blanc que la neige. » ; Esaïe 1.16, « Lavez-vous, purifiez-vous, ôtez de devant mes yeux la méchanceté de vos actions; Cessez de faire le mal. » ; Jérémie 4.14, « Purifie ton cœur du mal, Jérusalem, afin que tu sois sauvée! » ; et Ezéchiel 36.25, « Je répandrai sur vous une eau pure, et vous serez purifiés; je vous purifierai de toutes vos souillures et de toutes vos idoles. »

Les cérémonies de l'eau de l'Ancien Testament, avec l'imagerie prophétique du lavage spirituel divin, sont les précurseurs du baptême chrétien. Ce dernier unit le lavage physique avec la purification morale dans un seul acte, à savoir, le baptême pour le pardon des péchés. Le baptême est pour la pollution morale ce que le rituel de lavage de l'Ancien Testament était pour l'impureté cérémoniale.

Le baptême de Jean Baptiste avait aussi un lien avec le pardon, même si ce n'est pas déclaré dans les mêmes termes que le baptême chrétien. C'était un baptême « pour la repentance » (Matt. 3.11), « un baptême de repentance pour le pardon des péchés » (Marc 1.4 ;

Luc 3.3). Ceux qui ont été baptisés ont confessé leurs péchés en même temps (Matt. 3.6 ; Marc 1.5). Ainsi la repentance, la confession et le pardon du péché étaient tous liés dans le baptême de Jean. Si le baptême était prêché comme condition pour le pardon ou s'il était seulement une aide pour renforcer et intensifier la repentance cela n'est pas clair.

La relation entre le baptême chrétien et le pardon des péchés est plus claire et spécifique spécialement ici dans Actes 2.38, où le baptême semble être « pour [*eis*] le pardon des péchés. » Le mot clé ici est *eis*, traduit dans différentes versions dans plusieurs façons incluant « pour, » « envers, » « dans, » « afin de, » « afin d'avoir, » « afin que, » « au regard de, » et « en relation avec. » La terminologie préférée est une question de controverse considérable puisque les exégètes essaient souvent de rendre le mot conforme à une vue préconçue du baptême.

Trois approches principales peuvent être identifiées. La première est qu'*eis* ici garde dans sa signification la plus fréquente qui est *direction* ou *la motion envers quelque chose*, qui inclut les concepts de *but* ou d'*objectif*. Avec cette interprétation, le but ou l'objectif de baptême est d'amener au pardon des péchés. Cette vue est cohérente avec l'idée du baptême comme condition pour le salut et pour l'entrée dans le royaume de Dieu. Une deuxième approche est qu'*eis* ici veut dire *à cause de*, l'idée ici qu'une personne est baptisée parce que ses péchés ont été déjà pardonnés. La troisième approche est qu'*eis* ici signifie la même chose que la préposition *en* (« dans »), qui ne veut pas dire motion envers mais simplement *une location dedans*. Cette vue propose seulement une connexion générale entre le baptême et le pardon, à savoir, « être baptisé *en relation* avec le pardon des péchés. » Les deux dernières vues sont préférés par ceux qui ont rejeté la relation conditionnelle entre le baptême et le salut.

De ces trois vues, la première est clairement la signification dans Actes 2.38 pour des raisons lexicographiques et contextuelles. À propos de sa signification actuelle, une étude des lexiques montre que la signification primaire et la manière d'utilisation la plus fréquente d'*eis* est « motion envers » dans plusieurs sens. Cette explication prend deux pages entières dans le lexique d'Arndt et Gingrich[1]. Dans cette catégorie générale les deux significations les plus fréquentes sont « la motion entre un endroit physique et un autre » (88 lignes dans le lexique) et « le but ou l'objectif » (127 lignes – une page entière). Par contre seulement 5 lignes sont dévouées à l'usage causal présumé d'*eis*. Arndt et Gingrich appellent cet usage « controversé » car il y a lieu de douter que cette signification n'a jamais eu lieu dans le grec[2]. M.J. Harris déclare catégoriquement que ce sens causal « semble improbable dans les passages souvent présentés, » y compris Actes 2.38[3]. Une signification similaire à *en* n'est pas disputée mais est relativement peu fréquente. Arndt et Gingrich utilisent seulement 16 lignes pour expliquer qu'*eis* veut parfois dire « en ce qui concerne » ou « en référence à. » La plupart des cas où *eis* est utilisé et où *en* serait attendu (30 à 34 lignes) font référence à un lieu physique[4].

Bien sûr, c'est compris que comptant des lignes dans un lexique seulement ne décide pas de la signification d'un mot dans un verset particulier. Notre but est de montrer que la signification principale d'*eis* implique un mouvement envers ou un objectif, et c'est ainsi qu'il est utilisé dans la plupart des cas. La signification « à cause de » est très débattue simplement parce qu'il n'a pas de base solide dans la langue grecque. La signification « en référence à » est possible mais n'est pas probable étant donné son utilisation relativement rare. Ainsi si *eis* a l'une de ces deux dernières définitions dans Actes 2.38, cette signification aurait dû être contextuellement claire.

Au bout du compte la définition d'*eis* dans ce passage sera déterminée par le contexte. La définition générale « en référence à » serait justifiée seulement si le contexte lui-même ne suggérait pas une signification plus spécifique, seulement si le lien entre le baptême et le pardon était vague dans le contexte. Mais cela n'est certainement pas le cas. On doit se rappeler que la déclaration de Pierre fait partie de sa réponse à la question des juifs de 'comment se débarrasser de la culpabilité de leurs péchés, spécialement leur péché d'avoir crucifié Christ.' Ils ont demandé spécifiquement, « que ferons-nous » pour nous débarrasser de cette culpabilité ? Toute instruction donnée par Pierre aurait été comprise ainsi, et doit être comprise ainsi par nous aujourd'hui, Quand il leur a dit de se repentir et d'être baptisés « *eis* le pardon » pour leurs péchés, la seule explication honnête est que le baptême a comme *objectif* ou comme *but* d'affecter le pardon. Cette signification n'est pas seulement justifiée mais est vraiment demandée par le contexte.

Chapitre Cinq <•> ACTES 2.38-39 (II)

Le fait que le baptême est aligné ici avec la repentance confirme cette signification. Certainement personne ne remet en cause que Pierre disait à ses auditeurs de se repentir pour avoir le pardon des péchés. Même si un tel lien entre la repentance et le pardon n'était pas vraiment compris ici, c'est parfaitement sans ambiguïté dans ce contexte. Le fait que le baptême fait partie de la même réponse à la même question rend sa signification aussi claire et lui donne la même signification fondamentale que la repentance. Quelle que soit la façon dans laquelle la repentance est liée au pardon, le baptême l'est aussi. Alors même si l'objectif de la repentance est d'amener le pardon, le baptême l'est aussi.

Alors même si la signification soi-disant « causale » d'*eis* n'était pas mise en doute pour des raisons lexicographiques, il serait sûrement exclu d'Actes 2.38 par le contexte lui-même. « Sois baptisé parce que tes péchés sont pardonnés » est l'opposé exact de ce qui serait attendu et exigé dans cette situation. Le point principal est que les péchés des juifs ne sont *pas* pardonnés, et ils demandent qu'est-ce qu'ils doivent faire pour recevoir un tel pardon.

Le point final est que le seul sens d'*eis* qui est cohérent avec le contexte d'Actes 2.38 est son sens le plus commun de « mouvement envers, » spécifiquement le sens déterminé « d'envers » ou « pour le but de. » La construction grecque est exactement la même que dans la déclaration de Jésus dans Matthieu 26.28, que son sang a coulé « pour le pardon des péchés, » c'est-à-dire, pour accorder le pardon. Ainsi nous devons conclure que Pierre veut dire dans Actes 2.38 qu'une partie de ce qu'un pécheur doit faire pour avoir le pardon est de se faire baptiser.

Il y a un autre point à faire concernant la relation entre le baptême et le pardon. Assez souvent on entend qu'une personne a été baptisée « pour le pardon de ses péchés *passés*. » Parfois le langage dans Romains 3.25 est enlevé de son contexte et appliqué ici, à savoir, qu'une personne est baptisée « pour la rémission de péchés qui sont passés. » L'idée est que le baptême apporte le pardon pour tous les péchés commis jusqu'au moment du baptême, et cette personne reste complètement pardonnée jusqu'à ce qu'il pèche encore. Puis il revient dans un état perdu à cause du nouveau péché commis, et reste dans cet état jusqu'à ce qu'un acte de pardon soit effectué, comme partager dans la Sainte Cène du Seigneur ou confesser ce péché spécialement. (1 Jean 1.9). Cette pensée sous-entend le développement du sacrément catholique romain de la pénitence.

Toutefois, une telle pensée est fausse, et est basée sur un faux concept pas seulement de baptême mais de pardon lui-même. Le pardon des péchés est en substance à peu près le même que la justification (voir Romains 3.28 ; 4.6-8). Quand on reçoit le pardon dans le baptême, on devient une personne justifiée ou pardonnée. Il entre dans l'état d'être justifié. C'est un état continuel qui est maintenu à travers une foi continuelle dans le sang de Jésus[5]. À travers sa foi sincère et active, un chrétien reste libre de la culpabilité et de la condamnation (Romains 8.1) même s'il n'est pas libre du péché lui-même. C'est le cœur du concept de la justification par la foi.

Cela veut dire que baptême n'est pas seulement pour le pardon des péchés passés, mais pour le pardon des péchés. Point final. Aussi longtemps que l'on reste dans la relation de Christ commencée au baptême, on est justifié ou pardonné à cause de ce qui est passé au moment du baptême. Par conséquent dans toute notre vie nous devons nous rappeler notre baptême, et être encouragé par ce souvenir quand on commence à se sentir découragé dans notre vie chrétienne ou douter de la validité de notre espoir en Jésus-Christ.

Le baptême et le Saint-Esprit

Dans notre étude de Jean 3.5 nous avons déjà vu qu'il y a une relation proche entre le baptême et le Saint-Esprit, car les deux sont liés à la nouvelle naissance. Ici dans Actes 2.38 ce lien est rendu plus fort et plus spécifique. Le don de l'Esprit lui-même en tant que présence permanent est promis comme résultat du baptême chrétien : « Sois baptisé au nom de Jésus-Christ pour le pardon de tes péchés ; et tu recevras le don du Saint-Esprit. »

La réalité de la présence interne de l'Esprit dans nos vies et nos corps est un fait enseigné puissamment et clairement dans les Écritures. Voir Romains 8.9-11 ; 1 Corinthiens 6.19 ; 2 Timothée 1.14. Actes 2.38 nous dit que le baptême est le moment où l'Esprit entre dans nos vies de cette façon[6].

Chapitre Cinq <•> ACTES 2.38-39 (II)

Bien que le baptême soit un seul acte impliquant l'eau et l'Esprit (Jean 3.5), ce passage montre que le baptême dans l'eau en fait précède ou est une condition préalable pour l'accomplissement de l'œuvre régénératrice de l'Esprit. Par le baptême le Saint-Esprit est donné ; Il donne ensuite la nouvelle naissance par Sa propre présence. Donc, bien qu'ils soient pour la plupart simultanés, techniquement ils ne commencent pas au même moment.

Comme suggéré plus tôt dans ce chapitre, le don de l'Esprit est le cœur du message et de la promesse de la Pentecôte. Avant son ascension Jésus a dit à Ses apôtres d'attendre à Jérusalem pour « la promesse du Père » (Actes 1.4-5). Le phénomène de la Pentecôte confirme que cette promesse a été accomplie ce jour-là (Actes 2.16-17, 33) ; à partir de ce moment-là, le don de l'Esprit était offert à quiconque s'est repenti et est baptisé au nom de Jésus (Actes 2.38-39). Bien que cela semble improbable, ce don de valeur inestimable si longtemps promis et si longtemps attendu est, par le dessein de Dieu, fait pour dépendre du baptême ! C'est indiqué dans Actes 5.32 aussi, là où Pierre note que Dieu a donné le Saint-Esprit « à ceux qui Lui obéisse » – une référence évidente à Actes 2.38. Par cela nous pouvons voir la place importante que Dieu a attribuée au baptême dans l'économie du salut.

Un problème est suscité par le fait que sur plusieurs occasions dans le livre d'Actes le Saint-Esprit semble n'être pas donné au moment du baptême, soit avant ou après. Certains concluent par ces évènements que le don de l'Esprit ne suit aucun modèle spécifique et notamment qu'elle n'a aucune connexion particulière avec le baptême.

Le Saint-Esprit a été donné deux fois *avant* le baptême, à savoir, à la Pentecôte (Actes 2.1-4) et à la conversion de Corneille et sa maison (Actes 10.44-48). C'est une erreur sérieuse, toutefois, de voir ces évènements comme typique et comme des expériences de conversion représentatives. En fait, ils ont l'intention d'être opposés. D'abord, ce n'est pas clair si la présence pré-baptême de l'Esprit dans ces cas entraîne la conversion (la nouvelle naissance) du tout, ou que ce soit un cas d'équiper ces individus particuliers avec la capacité miraculeuse de parler en langues.

ACTES 2.38-39 (II) <•> *Chapitre Cinq*

Deuxièmement, même s'ils avaient impliqué la nouvelle naissance, l'objectif apparent de ces deux évènements nécessite qu'ils soient inhabituels et uniques et contraires au modèle normal de la conversion. Dans chaque cas le point principal était les langues miraculeuses qui fonctionnent comme signe de vérité du témoignage apostolique. À la Pentecôte les langues établissent le message que c'était le commencement d'un déversement du nouvel-âge de l'Esprit. Dans Actes 10 les langues étaient une preuve que Dieu voulait que les païens soient reçus dans son église avec les juifs. Ainsi ces évènements ne devaient pas être des paradigmes de conversion. Ils devaient être des exceptions à la règle dans le sens que chaque miracle est une exception ; voilà ce qui leur donnent leur valeur évidente.

En troisième lieu, Pierre indique spécifiquement que la façon par laquelle l'Esprit est venu à la Pentecôte et sur Corneille reste à l'écart de l'expérience normale. Il note que Corneille et sa maison « ont reçu le Saint-Esprit comme nous l'avons reçu » (Actes 10.47 ; voir 15.8), mais Actes 11.15 démontre qu'il considère la *façon* dans laquelle ils l'ont reçu à la manière seulement à l'expérience Pentecôtiste elle-même : « Lorsque je me fus mis à parler, le Saint-Esprit descendit sur eux, comme sur nous au commencement. » Et quelle était la chose unique à propos de ces deux occasions ? Ce sont les seuls deux cas enregistrés où L'Esprit a été donné sans aucun intermédiaire humain, là où l'Esprit est tombé *immédiatement* sur les individus choisis. Dans tous les autres cas un médiateur humain est impliqué, soit à travers le baptême ou par l'imposition des mains.

La conclusion est qu'Actes 2.1-4 et Actes 10.44-48 ne nient pas la vérité d'Actes 2.38 concernant le lien fixé entre le baptême et le Saint-Esprit. Ils ne donnent aucune raison pour espérer que l'Esprit soit donné avant le baptême.

Quand même, deux fois dans le livre d'Actes, l'Esprit semble être donné *après* le baptême, dans une action séparée de l'imposition des mains d'un apôtre : voir Actes 8.17-18 ; 19.6. L'assomption que ces deux passages font référence au don de l'Esprit séjournant est une raison pour que les groupes de certaines églises s'élèvent et pratiquent la confirmation. Mais voici la question : est-ce que le don de l'esprit dans ces deux cas est le même que celui promis dans Actes 2.38 ? Il nous semble que non.

Chapitre Cinq <•> ACTES 2.38-39 (II)

Qu'est-ce qui met ces deux évènements à part de l'expérience de la conversion normale dans laquelle l'Esprit séjournant est donné dans le baptême chrétien ? Fondamentalement, les deux semblent ne pas impliquer le séjour de l'Esprit mais la conférence des dons *miraculeux* de l'Esprit. En Samarie ce qui a été conféré par l'imposition des mains des apôtres était quelque chose d'observable et d'impressionnant (Actes 8.18) ; dans Actes 19.6 le résultat est spécifiquement donné comme « parlé en langue et prophétisant. » Surtout dans le rapport de la mission de Philippe en Samarie (Actes 8.5-18), nous sommes justifiés en concluant que les dons miraculeux spirituels pouvaient être accordés seulement à travers l'imposition des mains d'un apôtre. (Voici pourquoi les évènements de la Pentecôte et celui de Corneille ont été uniques : même la *manière* dans laquelle les capacités miraculeuses ont été données était un miracle.) À cause de la promesse non qualifiée dans Actes 2.38 (voir Actes 5.32), nous pouvons conclure que même les disciples Samaritains et les disciples Éphésiens ont reçu l'Esprit séjournant quand ils ont été baptisés (Actes 8.12 ; 19.5) ; après ils ont reçu des dons spirituels miraculeux quand les apôtres leur ont imposés les mains.

Encore le lien entre le baptême et le Saint-Esprit établi dans Actes 2.38 reste inébranlable. Les évènements qui s'écartent du modèle sont soit délibérément uniques ou font référence à quelque chose d'autre que le don de l'Esprit séjournant qui donne la nouvelle naissance. Cette explication est cohérente avec le témoignage d'autres passages du Nouveau Testament qui attachent le baptême à l'œuvre régénératrice de l'Esprit, à savoir, Jean 3.5 ; Romains 6.3 ; Colossiens 2.12 ; et Tite 3.5.

Sommaire

Dans ce chapitre et le chapitre précédent nous avons cherché à expliquer la définition du baptême trouvé dans l'instruction de Pierre dans Actes 2.38-39. Nous avons souligné l'importance du contexte historique, à savoir, que c'était le jour où Dieu a versé l'épanchement du Saint-Esprit Messianique tant attendu. C'était aussi l'occasion où les juifs ont été confrontés à leur culpabilité d'avoir rejeté et crucifié le Christ, qui a été confirmé comme leur Messie par sa résurrection et son couronnement et par sa participation dans l'épanchement de l'Esprit. Des milliers de personnes faisant partie de l'audience de Pierre ont été touchés et ont demandé quoi faire pour être libres de la culpabilité de leur péché.

Nous avons vu que la réponse de Pierre inclut la promesse d'une « double cure » du « double trouble » du péché : le pardon pour effacer leur culpabilité, et l'épanchement du Saint-Esprit pour leur donner une nouvelle naissance pour une nouvelle vie spirituelle. Sa réponse inclut aussi une condition pour recevoir ces bénédictions : la repentance et le baptême.

Nous avons discuté en détail le lien entre le baptême et le pardon comme énumérés dans Actes 2.38. D'une importance spéciale est l'utilisation du mot grec *eis*, qui a montré par des considérations lexiques et par le contexte de signifier « jusqu'à » ou « pour le but de. » Ainsi le vrai but de baptême est d'amener le pardon ou la justification.

Enfin, nous avons parlé du lien entre le baptême et le Saint-Esprit, soulignant que le baptême est une condition préalable claire pour recevoir le don de la régénération et de la présence de l'Esprit. Les passages dans Actes qui séparent le baptême du don de l'Esprit sont des exceptions uniques ou ne parlent pas de la présence de l'Esprit qui sauve en premier lieu.

NOTES

1. Arndt et Gingrich, 222-229.
2. Ibid., 229. Voir la référence du débat dans *The Journal of Biblical Literature*.
3. Murray J. Harris, « Appendix, » 1187.
4. Arndt et Gingrich, 229.
5. C'est possible qu'une personne perdre sa foi, dans ce cas il perdrait aussi sa justification.
6. Donner l'Esprit est décrit comme Dieu qui place sa *sceau* de possession sur nous : « en lui vous avez cru et vous avez été scellés du Saint-Esprit qui avait été promis » (Eph. 1.13 ; Eph. 4.30). Même si le nom n'est pas utilisé dans ce contexte l'Esprit lui-même est sans doute le sceau de Dieu. Contrairement à certaines pensées populaires, le baptême lui-même n'est jamais appelé un sceau. Comme indiqué dans Actes 2.38, le baptême est l'occasion où Dieu nous donne le vrai sceau, le Saint-Esprit.

6
ACTES 22.16

Le baptême est mentionné plusieurs fois dans le livre d'Actes après 2.38, mais plutôt pour enregistrer le fait que certains individus ont été baptisés (ex., 8.12, 38 ; 9.18 ; 10.48 ; 16.15, 33). Un seul de ces passages reflète l'importance sur la vraie *signification* de baptême, à savoir, Actes 22.16. Ici le serviteur de Dieu, Ananias, s'adresse à Saul de Tarse humilié (qui est sur le point de devenir l'Apôtre Paul) avec ces mots: « Et maintenant, que tardes-tu? Lève-toi, sois baptisé, et lavé de tes péchés, en invoquant le nom du Seigneur. »

Saul le Pécheur

Pour comprendre la signification du baptême enseigné dans ce passage, nous devons encore étudier le contexte historique dans lequel la déclaration est faite. Spécialement nous devons demander l'état spirituel de Saul au moment où Ananias lui parle. Est-il déjà sauvé, ou est-il toujours un pécheur non sauvé ? Pour trouver la réponse nous devons étudier ensemble les trois rapports de la conversion de Saul : Actes 9.1-19 ; 22.1-16 ; et 26.1-18.

Avant son expérience de conversion Saul se considérait une élite dans la nation d'Israël, un juif dévoué qui était « zélé pour Dieu » (22.3). Pour sa part en tant que chrétien, quand même, il a réalisé qu'il était le pécheur principal (1 Timothée 1.15). Il était coupable de blasphème, de persécution envers les chrétiens et de Christ lui-même (26.14-15), de violence, et d'incrédulité (1 Timothée 1.13). C'est un autre exemple qui nous montre que même l'ancienne alliance de foi la plus sincère n'était pas suffisante une fois que Christ est connu.

Pendant que Paul était sur sa route à Damas pour persécuter plus de chrétiens, le Christ ressuscité et vivant lui est apparu et a demandé, « Saul, pourquoi me persécutes-tu ? » Paul, ahuri et ébloui, ne pouvait faire que répondre, « Qui es-tu, Seigneur ? » Il répondit : « Je suis Jésus, celui que tu persécutes actuellement » (9.5 ; 22.8 ; 26.15). Immédiatement rempli d'un sentiment de sa culpabilité et de peur, Saul pouvait seulement demander, « Que ferai-je, Seigneur ? » Il répondit : « Lève-toi, va à Damas, et là on te dira tout ce que tu dois faire » (22.10).

Aveuglé par l'éclat de la lumière de Christ, Saul a été conduit à Damas, mais personne n'est venu le rencontrer pendant trois jours. Durant ce temps Saul étant aveugle a prié et a jeûné, attendant que quelqu'un vienne l'aider. Il savait grâce à une vision qu'un homme nommé Ananias viendrait pour cette raison (9.9-12). Ananias lui-même préparé par une vision, est arrivé enfin après les trois jours de jeûne et de prière. D'abord il a étendu sa main sur Saul afin que sa vue soit miraculeusement restaurée (9.12, 17-18 ; 22.13). Après il a annoncé pourquoi le Seigneur l'a rencontré d'une manière si radicale, à savoir, il l'a choisi pour être l'apôtre aux Gentils (22.14-15 ; voir 9.15-16)[1]. Enfin, Ananias a dit à Saul quoi faire à propos de son péché et de sa culpabilité : « Lève-toi, sois baptisé, et lavé de tes péchés, en invoquant le nom du Seigneur » (22.16).

Maintenant la question cruciale est celle-ci : pouvons-nous discerner si Saul était toujours dans ses péchés quand il a été exhorté ainsi, ou s'il a été déjà sauvé ? D'une autre façon, y a-t-il un point précédant cela où il aurait pu être complètement converti ?

Certains pourraient suggérer qu'il a été converti sur la route de Damas au moment où il a rencontré Christ parce qu'il a appelé Jésus « Seigneur » (22.8, 10). Cela veut dire peut-être qu'à ce point il se soumettait à la Seigneurie de Christ. C'est improbable, toutefois. Le mot lui-même (grec, *kurios*) était le terme habituel d'adresse respectueuse. En de telles occasions, c'était l'équivalent de « monsieur. » Peut-être c'est ce que Saul voulait dire dans sa première utilisation du terme, puisqu'à ce point il ne sait pas qui est Jésus : « Qui es-tu, Seigneur ? » (22.8). Mais après que Jésus s'identifie (22.8), Saul L'appelle encore « Seigneur » (22.10), peut-être dans un sens plus fort qu'avant, et peut-être indiquant même une attitude de soumission. Alors il demeure improbable qu'une conversion réelle n'ait été faite. Saul n'a pas encore entendu l'offre de l'évangile, et aucune condition pour recevoir l'offre ne lui a été encore faite. C'est pourquoi il demande, « Que ferai-je, Seigneur ? » (22.10).

Le fait que Saul a demandé cette question nous suggère qu'à ce temps-là il était dans la même condition spirituelle que les juifs qui ont été touchés par le discours de Pierre à la Pentecôte. Ils ont demandé « que devons-nous faire ? » (Actes 2.37). La question de Saul est exactement la même : « Que ferai-je ? » À l'occasion de la Pentecôte, on leur a dit immédiatement comment recevoir le pardon, mais on n'a pas dit à Saul ce qu'il devait faire à propos de son péché. Ainsi nous concluons qu'il est toujours dans le péché au moment où il est sur le chemin de Damas.

Mais même si c'est le cas, certains diront que Saul a sûrement été converti durant les trois jours quand il jeûnait et priait. Mais il n'y a aucune indication qu'il y avait aucun changement durant ce temps. La conversion est généralement accompagnée par une profonde joie et soulagement (voir Actes 8.39 ; 16.34), mais cela n'est pas mentionné ici. Le fait que Saul continuait de prier et de jeûner durant les trois jours montre qu'il n'avait pas encore reçu la chose pour laquelle il priait et jeunait. On n'a pas encore répondu à sa question: « que ferai-je ? » Il sait que quelqu'un appelé Ananias viendra lui dire quoi faire (9.6, 12), mais rien ne se passe pendant trois jours. Pendant ce temps il est toujours aveugle, ce qui symbolise qu'il est toujours dans ses péchés.

Quand Ananias a rencontré Saul, qu'est-ce qu'il a présumé de la condition spirituelle de ce dernier? Le fait qu'il s'adresse à lui-comme « frère Saul » (9.17 ; 22.13) est compris par beaucoup d'être une sûre indication qu'Ananias l'a accepté en tant que chrétien et en tant que personne sauvée. Il est vrai que les chrétiens s'appellent « frère » et « frères ». Il y a à peu près 30 cas dans le livre des Actes et à peu près 130 cas dans les écritures de Paul. Mais cette pratique vient probablement du fait que les *juifs* s'appellent habituellement « frères »[2], ce qui veut dire « les compatriotes juifs ». C'est le sens dans lequel Paul s'est adressé à tous juifs comme « mes frères et mes parents selon la chair » (Romains 9.3). S'adresser à ses compatriotes juifs comme « frères » apparaît souvent dans le livre d'Actes[3]; nous ne devons pas penser que plus que cela est insinué par Ananias quand il s'adresse à Paul comme « frère. »

En fait, il y a deux indications très fortes qui indiquent qu'Ananias n'a pas vu Saul comme un frère chrétien au moment de leur rencontre. Comme nous l'avons vu dans nos études d'Actes 2.38, le salut dans l'ère messianique incluait l'épanchement du Saint-Esprit. Mais Ananias dit qu'il a été envoyé vers Saul pour le remplir du Saint-Esprit (9.17). Cela montre que Saul n'a pas été encore sauvé, et qu'Ananias le savait. L'autre élément de la double cure de salut est le pardon des péchés. En ce moment, quand Ananias dit à Saul de se lever et de se laver de ses péchés (22.16), cela démontre qu'il voyait Saul toujours sous le fardeau de sa culpabilité.

Donc il n'y a rien dans le texte ou dans le contexte qui place Saul parmi ce qui sont sauvés quand il a rencontré Ananias. Il accueille Ananias comme celui que Dieu a envoyé enfin pour lui dire quoi faire pour être sauvé, et le baptême est un élément central dans son instruction. Il est appelé à recevoir le Saint-Esprit et le pardon, tout comme dans Actes 2.38.

On peut déduire sa relation avec l'Esprit dans le cas de Saul dans Actes 9.12, 17-18. Au verset 17 Ananias mentionne deux raisons pour lesquelles Dieu l'a envoyé : que Saul puisse recouvrir la vue et soit rempli de l'Esprit. Dans le verset suivant, on nous dit que la vue de Saul est restaurée (quand Ananias a étendu ses mains sur lui, v. 12) et qu'il a été baptisé. L'implication est que ce dernier était l'occasion pour le don de l'Esprit, comme promis dans Actes 2.38.

La relation de baptême au pardon des péchés de Saul est le point principal dans Actes 22.16. On tourne maintenant vers une étude plus détaillée de cet aspect de ce verset.

Laver vos péchés

L'instruction d'Ananias à Saul inclut deux participes aoristes : « lever » et « appeler » ; et deux impératives : « sois baptisé » et « sois lavé de tes péchés. » Ce dernier est crucial. Qu'est-ce que cela veut dire de « se laver de ses péchés » ? Au début, l'image pourrait nous suggérer la deuxième partie de la double cure, ou le lavage de notre âme de la condition de péché, un changement de purification dans nos cœurs. Mais ce n'est pas l'idée principale. Il fait référence plutôt à la première partie de la double cure, à savoir, le lavage de la *culpa-*

bilité dont nous avons fait l'expérience à cause du péché. C'est l'équivalent du pardon des péchés comme discutés dans notre étude d'Actes 2.38 ; son contexte est le lavage ou le nettoyage des cérémonies rituelles de l'Ancien Testament. C'est accompli seulement par l'application du sang de Christ dans nos vies : « Le sang de Jésus son fils nous purifie de tout péché » (1 Jean 1.7). Quand Ananias dit, « Que tes péchés soient lavés, » il veut dire simplement, « Que tes péchés soient pardonnés. »

Le point important de notre discussion est le lien proche entre le baptême et lavage du péché. La compréhension la plus naturelle est que le premier est l'occasion ou la condition du dernier. C'est vrai pour plusieurs raisons. Tout d'abord, c'est cohérent avec la situation décrite dans la dernière section. Saul est sous une profonde conviction de ses péchés. Il jeûnait et priait pendant trois jours en attendant l'instruction sur ce qu'ils devraient en faire. Ainsi, quand Ananias lui dit « d'être baptisé et de se laver de ses péchés, » Saul, plein de culpabilité, pourrait naturellement prendre le baptême pour le lavage de ses péchés.

Deuxièmement, ce point de vue est cohérent avec d'autres enseignements du Nouveau Testament sur le baptême et le salut en général et avec son enseignement sur le baptême et le pardon en particulier. C'est en effet l'équivalent exact de l'instruction de Pierre dans Actes 2.38. « Soit baptisé pour le pardon de tes péchés » veut dire la même chose que « soit baptisé que tes péchés soient lavés. »

Troisièmement, le fait que Saul est instruit avec un *impératif* du *lavage de ses péchés* indique que cela doit être le résultat du baptême. Comme noté au-dessus, le seul vrai moyen de laver les péchés est le sang de Christ. Tous seraient sûrement d'accord que seulement le Seigneur lui-même peut appliquer son sang à nos âmes. C'est-à-dire le lavage des péchés est un acte de Dieu et non d'un être humain. C'est un acte spirituel accompli seulement par une force divine. C'est littéralement impossible pour Saul ou quelqu'un d'autre de se laver de ses propres péchés. Quel sens fait-il, alors, de dire à Saul de « te laver de tes péchés » ? Comment pourrait-il faire une telle chose ? Voici la réponse : il n'y a aucune *possibilité* qu'il puisse faire cela lui-même *sauf* si le lavage du péché dépendait de quelque chose qu'il *pouvait* faire, à savoir, la soumission au baptême chrétien. Voici l'implication du fait que « laver » est dans sa forme impérative.

Enfin, *le nombre* et *l'ordre* de l'impératif montre que le baptême est une condition pour le lavage des péchés. Si l'acte extérieur était *seulement* une image symbolique d'un nettoyage interne précédent, nous ne devrions pas espérer qu'il mette les deux dans une forme impérative. Dans un tel cas il serait approprié pour le « lavage » d'être un participe aoriste (comme « s'élevant » et « appelant »). À proprement parler, l'action d'un participe aoriste *précède* l'action du verbe principal. Ananias ainsi aurait dit, « soit baptisé [impératif], ayant lavé tes péchés [participe aoriste]. » Mais il ne dit pas cela ; il utilise deux impératifs plutôt.

Mais est-ce que l'utilisation des deux impératifs indique que le baptême est une condition pour le lavage des péchés ? Pas nécessairement. Les deux peuvent être impératifs, avec le baptême étant quand même juste une image symbolique d'un nettoyage interne précédent. Mais dans ce cas, les impératifs devraient être inversés : « laves tes péchés et sois baptisé. » Main ce n'est pas le cas ; « sois baptisé » - un impératif – précède « lave tes péchés » – aussi impératif, Cet ordre des deux impératifs, ainsi que les autres raisons citées ci-dessus, demande que l'on conclue que le baptême est une condition préalable pour le lavage et le pardon des péchés.

Le lien proche entre le baptême et le lavage dans Actes 22.16 nous aide à comprendre le contenu du baptême dans d'autres références du lavage dans le Nouveau Testament. Par exemple, Paul a dit aux pécheurs convertis à Corinthe, « Mais vous avez été lavés, mais vous avez été sanctifiés, mais vous avez été justifiés au nom du Seigneur Jésus-Christ, et par l'esprit de notre Dieu » (1Cor. 6.11). Tous les 3 verbes sont au temps aoriste, faisant référence à une action simple dans le passé. Le verbe pour « laver » est le même que celui utilisé dans Actes 22.16, là où l'action est liée au baptême. Cela suggère que 1 Corinthiens 6.11 fait référence aussi au baptême.

Les deux phrases modifiantes dans le verset dans Corinthiens indiquent aussi le baptême. « Dans le nom du Seigneur Jésus-Christ » rappelle Matthieu 28.19 ; Actes 2.38 ; 8.16 ; 10.48 ; 19.5 ; et 1 Corinthiens 1.13. « Dans [*en*] l'esprit » est la même expression dans Matthieu 3.11 (et d'autres passages parallèles) ; Actes 1.5 ; et Actes 11.16.

Ce sont tous des références au baptême. Le fait que les deux phrases soient utilisées pour modifier tous les trois verbes montre que les derniers font référence à un seul acte, à savoir, le baptême. « Vous étiez lavés, » à quel moment « vous étiez sanctifiés » et « vous étiez justifiés. »

Un autre passage qui parle de lavage est Hébreux 10.22. Il indique « les cœurs purifiés d'une mauvaise conscience, et le corps lavé d'une eau pure. » Que cela parle du baptême est clair non seulement dans la référence au lavage mais aussi de sa description de l'application de l'eau à nos corps. La déclaration entière fait référence à l'aspect interne et externe « d'un baptême » (Ephésiens 4.5), à savoir, le nettoyage du cœur du péché et l'immersion du corps dans l'eau.

Deux autres déductions au lavage qui parlent sans doute du baptême sont Ephésiens 5.26 et Tite 3.5. Elles seront discutées en détail dans des chapitres ci-dessous.

Invoquer le nom

Ananias a donné l'ordre à Saul de se lever et d'être baptisé pour se laver de ses péchés, « invoquant le nom du Seigneur. » Le verbe ici est un participe aoriste. Cela veut dire que cette action, bien qu'elle soit intimement liée avec celles des verbes principaux, est néanmoins prévue de le précéder. Ainsi Saul est commandé « d'invoquer le nom du Seigneur » comme préface de son baptême et le lavage de ses péchés.

Quelle est l'importance de cette action ? Pour comprendre cela nous devons regarder les origines de cette expression dans Joël et son utilisation ailleurs dans le Nouveau Testament, spécialement dans Actes. La source de l'Ancien Testament est Joël 2.32, « Alors quiconque invoquera le nom du Seigneur sera sauvé. » Puisque cela apparaît avec la prophétie de Joël concernant la venue du Saint-Esprit, nous ne sommes pas surpris que Pierre le cite dans Actes 2.21 « alors quiconque invoquera le nom du Seigneur sera sauvé. » Paul a dit dans Romains 10.13, « car quiconque invoquera le nom du Seigneur sera sauvé. » Les chrétiens sont décrits comme ceux qui invoquent Son nom (Actes 9.14, 21 ; 1 Cor. 1.2).

Pour être précis, *quel* nom est invoqué ? Dans Joël, c'est le nom de Yahvé (« Jéhovah »), qui dans la Nouvelle Alliance est compris du Père, du Fils, et du Saint-Esprit. Dans les passages du Nouveau Testament le nom « Seigneur » fait référence spécifiquement à Jésus-Christ. C'est spécialement clair dans Actes 9.13-17 ; Romains 10.9-13 ; et 1 Corinthiens 1.2. Ainsi, même si aucun nom spécifique n'est mentionné dans Actes 22.16, sans doute le passage fait référence à l'invocation du nom du Seigneur Jésus-Christ.

Voici la question importante : *pour quel but ou à quelle fin* Saul devait-il invoquer le nom du Seigneur ? Ici encore la réponse ne fait pas de doute. Il doit appeler le nom du Seigneur *pour le salut*. Voici ce que Joël dit : « Quiconque invoquera le nom du Seigneur *sera sauvé*. » Voilà comment Pierre et Paul le cite : quiconque invoquera le nom du Seigneur *sera sauvé*. Paul l'assimile avec la confession de la bouche que Jésus est Seigneur, une confession qui résulte dans le salut (Romains 10.9-10 ; 10.13).

Ainsi, l'instruction d'Ananias ne fait que confirmer le témoignage biblique unanime de l'importance du baptême qui sauve. Dieu a promis de nous sauver – de nous donner le pardon des péchés et le don du Saint-Esprit – dans le baptême chrétien.

Pendant que quelqu'un se prépare à être baptisé, il devra faire appel au Dieu pour garder cette promesse ; il devrait appeler au Seigneur Jésus-Christ pour appliquer la purification du sang à son cœur pécheur et envoyer le don du Saint-Esprit. C'est une prière de foi dans la fidélité de Dieu.

Comme appliqué à Saul cela signifie deux choses. Tout d'abord, le fait qu'il devait faire appel au nom du Seigneur en connexion avec son baptême signifiait qu'il n'avait pas encore reçu le salut. Le point principal pour l'appel au nom du Seigneur est *d'être sauvé*. Ainsi, c'est une confirmation finale de la conclusion atteinte ci-dessus, que Saul n'a pas été sauvé sur la route de Damas ni durant ses jours des jeûnes et de prières. Il n'était pas encore sauvé jusqu'à ce qu'il invoque le nom du Seigneur dans le baptême. Deuxièmement, « l'invocation du nom » était une indication de la *foi* de Saul en Jésus. On doit noter qu'il n'y a aucune mention spécifique de la foi dans l'instruction d'Ananias, c'est néanmoins impliquée. Selon Romains 10.14 on ne peut pas invoquer son nom sauf si on l'avait cru. Ainsi, on dit à Saul de faire ce que chaque bon juif doit faire maintenant que le Messie est venu, à savoir, transformer sa foi limitée dans l'ancienne alliance dans une foi complète qui accepte Jésus comme Yahvé lui-même et comme la source du salut.

Sommaire

Dans ce chapitre nous avons exploré l'enseignement d'Actes 22.16 sur la signification de baptême. D'abord nous avons raconté les éléments principaux des rencontres de Saul avec Jésus et Ananias, et nous avons conclu qu'il n'était pas encore sauvé quand Ananias l'a instruit sur le baptême. On a noté aussi qu'Ananias lui a offert l'évangile de la double cure : le pardon (« le lavage » de la culpabilité des péchés) et le Saint-Esprit.

Ensuite, nous nous sommes concentrés sur le lien entre le baptême et le lavage des péchés. On a conclu que la seule compréhension raisonnable des mots d'Ananias est que le lavage a lieu dans l'acte du baptême. C'est cohérent avec le contexte et avec les autres enseignements dans le Nouveau Testament. En plus, le baptême est exigé, par le fait que « laver » est un impératif, ainsi que par le nombre et l'ordre des deux impératifs dans le verset.

Enfin, on a vu que « invoquer son nom » veut dire appeler le nom de Jésus pour le salut qu'il a promis. Que cela précède le baptême est indiqué par la construction des participes et confirme le fait que le baptême est pour le salut. Le pécheur s'approche au baptême en invoquant le nom du Seigneur afin qu'il soit sauvé comme le Seigneur a promis.

NOTES

1. Quand il raconte cet évènement à Roi Agrippa, Paul ne mentionne pas le rôle d'Ananias. Son sommaire de sa commission dans 26.16-18 est sans doute ce que Jésus lui a dit à travers Ananias, au lieu d'une conversation directe sur la route de Damas.
2. Hans von Soden, « ἀδελφός, etc,. » *Theological Dictionary of the New Testament* [Dictionnaire Théologique du Nouveau Testament], ed. Gerhard Kittel, tr. Geoffrey Bromiley (Grand Rapids: Eerdmans, 1964), 1:145.
3. Actes 2.29, 37; 3.17; 7.2, 23; 13.15, 26, 38; 22.1, 5; 23.1, 5-6; 28.17, 21. Voir aussi Luc 6.42 et Hébreux 7.5.

7
ROMAINS 6.3-4

Jusqu'ici on a considéré trois passages dans les évangiles et deux dans le livre d'Actes qui nous disent quelque chose sur la signification du baptême. Les trois passages sont anticipatifs de baptême, c'est-à-dire, ils sont des déclarations et exhortations enregistrées avant le baptême lui-même. Les déclarations dans les évangiles ont été faites par Jésus même avant l'institution du baptême chrétien. Les exhortations dans Actes faisaient partie de l'offre de l'Évangile pour les pécheurs, les invitant à recevoir le salut.

Le reste des passages à être considérés dans ce livre sont pris des épîtres, et parlent tous du baptême en tant que fait accompli. Ils sont des déclarations faites principalement pour des chrétiens déjà baptisés. Ils sont destinés à accroître notre compréhension de la signification de notre propre baptême. Ils nous disent plus sûrement ce qui s'est passé quand on a été baptisé.

Le premier de ces passages est Romains 6.3-4, qui dit

> Ignorez-vous que nous tous qui avons été baptisés en Jésus-Christ, c'est en sa mort que nous avons été baptisés? Nous avons donc été ensevelis avec lui par le baptême en sa mort, afin que, comme Christ est ressuscité des morts par la gloire du Père, de même nous aussi nous marchions en nouveauté de vie.

Qu'est-ce que Paul nous dit ici de la signification de baptême ?

Union avec Christ

Le point principal de ce passage est que nous sommes « baptisés en Christ Jésus », à savoir, dans une union de salut avec Christ notre Rédempteur. Le concept de l'union avec Christ se présente très fréquemment dans les Ecritures. C'est une description compréhensive de l'état sauvé. Tous les autres aspects de salut nous viennent en raison de notre union avec Christ.

La terminologie qui exprime cette union varie, mais les termes principaux sont que nous sommes en Christ et Christ est en nous. À propos de ce premier, par exemple, Paul fait référence à « tous les saints *en Jésus-Christ* » à Philippes (Phil. 1.1 ; voir Col. 1.2) ; et Pierre déclare, « Que la paix soit avec vous tous qui êtes en Christ » (1 Pierre 5.14). « Or, c'est par lui que vous êtes en Jésus-Christ » dit Paul (1 Cor. 1.30). Concernant l'autre expression Paul dit qu'en tant que chrétiens on doit savoir que « Jésus-Christ est en vous » (2 Cor. 13.5). « Si Christ est en vous » dit-il, ton esprit est vivant (Rom. 8.10). « Christ en vous » est « l'espérance de sa gloire » (Col. 1.27). Ainsi il prie « que Christ habite dans vos cœurs » (Eph. 3.17). « Ce n'est plus moi qui vis, c'est Christ qui vit en moi » dans son témoignage de lui-même (Gal. 2.20).

Qu'est-ce que cela veut dire que l'on a union avec Christ, dans le sens qu'Il est en nous et nous sommes en Lui ? Ces déclarations ne sont pas faites pour décrire un lieu physique, mais l'intimité de nos relations avec notre Sauveur. Le point spécifique est que notre relation avec Christ est tellement proche que tout pouvoir et vie qui jaillit de son œuvre rédemptrice nous appartient et coule dans nos vies. Tous les bénéfices rédempteurs de Sa mort, Son enterrement, et Sa résurrection sont à nous. Ainsi Paul dit que nous sommes unis avec lui spécialement dans Sa mort et Sa résurrection (Rom. 6.5).

Quels sont les résultats d'être uni dans sa mort et sa résurrection ? Quels bénéfices spécifiques sont à nous à travers cette union ? Pas moins que la double cure. Puisque Jésus est mort dans le but spécifique de prendre notre culpabilité sur lui-même et de payer le prix éternel pour nos péchés, quand nous sommes unis avec Lui dans sa mort, notre culpabilité est effacée et notre condition devant Dieu est telle que notre pénalité est considérée payée. Le sang qu'il a coulé dans sa mort est appliqué à notre âme coupable et devient notre abri pour nous protéger de la colère de Dieu que nous méritons. Alors à cause de cette union avec Christ nous sommes pardonnés et justifiés. Comme dit Romains 8.1 « Il n'y a donc maintenant aucune condamnation pour ceux qui sont en Jésus-Christ. »

Chapitre Sept <•> **ROMAINS 6.3-4**

Mais il y en a toujours. Notre union avec Christ fournit aussi l'autre part de la double cure, à savoir, notre régénération, notre renaissance à une nouvelle vie. C'est le point principal dans Romains 6. Être uni avec Christ dans Sa mort, Son enterrement, et Sa résurrection veut dire que nous ressentons la mort, l'enterrement, et une résurrection qui est la nôtre. Comme Jésus est mort pour les péchés du monde entier, par rapport à notre union avec Lui, nous mourrons de nos propres péchés (Rom. 6.10-11). Nos âmes pécheresses de l'ancienne vie ressentissent une mort (Rom. 6 .6) et sont enterrées hors de vue comme Jésus l'a été (Rom. 6 .4). Puis, comme Jésus est levé de la mort, par rapport à notre union avec lui nous faisons l'expérience d'une résurrection actuelle de la mort spirituelle et commençons une nouvelle vie (Rom. 6.4-5 ; Eph. 2.1, 5-6). C'est la même idée que dans 2 Corinthiens 5.17 « Si quelqu'un est en Christ, il est une nouvelle créature. Les choses anciennes sont passées; voici, toutes choses sont devenues nouvelles. » On peut voir par là, alors, comment notre union avec Christ est réellement importante. C'est la clé de notre salut. Incarnées dans cette réalité sont notre liberté de la culpabilité et de la puissance du péché.

Baptisé en Christ

Vu son importance nous devrions être intéressés au moment où cette union avec Christ commence. À quel moment la mort du péché se produit-elle, et à quel moment recevons-nous « la nouvelle vie » ? Comment Romains 6 répond-il à cette question ?

Bien que le texte semble être clair et sans équivoque sur ce point, c'est une affaire à prendre au sérieux. Au moins 3 réponses ont été données. La première est que notre mort et notre résurrection avec Christ a eu lieu sur l'occasion historique de sa propre mort et résurrection, depuis plus de 19 siècles. Cette idée est que nous avons été en réalité en Christ ou que nous avons fait partie de Christ quand il est allé à la croix ; donc nous avons été littéralement « crucifiés avec lui » (voir Romains 6.6). Quand il est sorti du tombeau, nous avons été en réalité en lui et ainsi avons été ressuscités avec lui. Cette vue est populaire parmi ceux qui tiennent en vue l'expiation limitée (tels que les Calvinistes). Ils disent que seuls *les élus* étaient en Christ à la croix et au tombeau ; par conséquent son œuvre de salut est appliquée seulement aux élus. Ainsi, leur présence en Christ à ce temps *garantit* leur salut.

(Ce dernier point est bien pris en compte. Si c'est la bonne position, alors quiconque qui était « en Christ » au moment de son œuvre de salut sera sûrement sauvé, puisque cette personne a déjà souffert littéralement la pénalité de ses péchés. Ainsi les seuls qui peuvent maintenir cette vue sont les Calvinistes et les Universalistes. Si c'est seulement les élus qui ont été en Christ sur la croix et dans la tombe, alors seulement les élus seront sauvés. Mais si la race entière était en Christ, ils seront tous sauvés).

Ceux qui maintiennent cette vue ont typiquement une compréhension faible du baptême. Soit ils nient entièrement Romains 6 qui parle de *l'eau* du baptême[1], ou ils disent que le baptême est seulement un symbole de la mort et de la résurrection dont nous avons fait expérience avec Christ quand il est mort et s'est levé il y a deux mille ans.

Une deuxième vue en ce qui concerne le moment de notre mort au péché et la résurrection à une nouvelle vie est que cela se passe lorsque le cœur se tourne vers Dieu en foi et / ou en repentance. C'est peut-être la vue la plus commune. C'est très populaire dans le Protestantisme en général. Cette position est tenue par ceux qui tiennent à « la foi seulement » pour le salut (surtout s'ils ne tiennent pas à la première vue ci-dessus). C'est l'opinion exprimée dans le chant contemporain populaire, « Le tombeau d'eau, » qui inclut des mots tels que : « je descends à la rivière ; je serai enterré vivant ; je montrerais à mon Père Céleste que l'homme que j'étais soit finalement mort. » Cela veut dire que la mort et la résurrection se produisent avant le baptême, qui est une démonstration symbolique subséquent du fait.

Cette deuxième opinion est aussi bien fréquente dans la littérature du Mouvement de la Restauration passé et présent. La mort et la résurrection sont souvent dites d'être le résultat de la repentance. Quand une personne se repent, elle met son ancienne vie derrière elle-même (c'est la mort) et se détermine à vivre pour Dieu (c'est la nouvelle vie). Ainsi la mort et la résurrection ont été accomplies avant le baptême, qui encore seulement symbolise la réalité. Après tout (comme c'est souvent dit), on n'enterre pas quelque chose sauf si elle est déjà morte, n'est-ce pas ?

Ces deux opinions semblent trébucher sur le texte lui-même qui, toutefois présente une troisième opinion. D'une manière claire et simple, Romains 6.3-4 affirme que le *baptême* est le moment où nous sommes unis avec Christ dans sa mort et sa résurrection, et ainsi le moment où nous ressentissions notre propre mort au péché et résurrection à une nouvelle vie.

En général, le verset 3 nous rappelle que nous avons été « baptisés en Christ Jésus ». Le mot *en* est le mot grec *eis*, qui a été discuté en détail au sujet d'Actes 2.38. Dans sa définition fondamentale cette préposition indique *une motion vers* une destination ou un but, surtout si on l'utilise avec un verbe d'action. Le verbe *baptiser* est certainement un verbe d'action, avec la destination et le but étant Christ Jésus lui-même. Ainsi être « baptisé en » Christ veut dire que le baptême est l'action qui nous pousse ou nous amène « en Christ, » à savoir, dans cette relation proche avec lui nous faisant partenaires de bénéfice de ses œuvres.

C'est essentiellement la même chose qu'être baptisé « dans [eis] le nom du » Père, du fils et du Saint-Esprit, comme on a dit avant concernant Matthieu 28.19. Les deux expressions (« baptisé en Christ » et « baptisé dans le nom de Christ ») signifient entrer dans une relation intime avec notre Seigneur dans le baptême chrétien. Voir aussi Galates 3.27 pour la même idée. (Ce passage sera traité en détail dans un chapitre suivant).

Dans Romains 6.3-4 Paul suppose que tous les Chrétiens savent déjà qu'ils ont été baptisés en Christ. Son but ici est de nous montrer ce que cela veut dire. Ignorez-vous, dit-il, que nous tous qui avons été baptisés en Christ *avons été baptisés dans sa mort* ? Dans ce contexte il nous rappelle que Jésus est mort pour nos péchés pas seulement dans le sens qu'il a payé pour notre pénalité, mais aussi qu'il est mort pour vaincre le péché, détruire son pouvoir et de nous s'en débarrasser (voir 6.6-10). Et tous les chrétiens se sont trouvés dans le périmètre de cette force qui détruit le péché, cette force qui existe grâce à la mort de Christ. Nous avons puisé dans son pouvoir mortel. Quand est-ce que nous avons fait cela ? Dans notre baptême. Il n'y a aucune indication que cette union avec Christ dans sa mort s'est passée au moment où nous avons cru ou nous sommes repentis. Dans le passé nous n'avons pas cru en sa mort ; nous ne nous étions pas repentis dans sa mort. Paul dit clairement « ayant été baptisé dans sa mort » (v. 3). Si ce n'est pas assez clair il répète l'idée dans le verset 4 : « Nous avons donc été ensevelis avec lui par le baptême en sa mort ». Ceux qui disent que notre union avec Christ dans sa mort, et ainsi notre propre mort au péché, s'est produite avant le baptême ne comprennent pas le texte [2].

Ce qui est vrai de notre union avec Christ dans sa mort est aussi vrai de notre union avec lui dans sa résurrection. Ce passage ne parle pas explicitement de notre baptême dans la résurrection de Christ ni de notre résurrection avec Christ dans le baptême, mais l'implication est claire. Le lien logique et chronologique entre la mort et la résurrection est telle que notre union avec Christ dans la résurrection ne pouvait certainement pas se passer avant l'union avec lui dans la mort. Le verset 4 dit spécifiquement que nous avons été enterrés avec lui à travers le baptême dans la mort en vue d'être ressuscités avec lui aussi. « En effet, si nous sommes devenus une même plante avec lui par la conformité à sa mort, nous le serons aussi par la conformité à sa résurrection » (v. 5). Colossiens 2.12 nous dit clairement que notre résurrection avec Christ a lieu dans le baptême. (Ce passage sera expliqué à fond ci-après.)

Alors Paul nous dit que les évènements historiques de l'œuvre du salut en Jésus ont leur équivalent et leur accomplissement dans un évènement historique spécifique dans la vie de chaque chrétien, à savoir, notre baptême. La crucifixion et la résurrection de Christ sont les évènements qui nous sauvent, mais le pouvoir de ses actes nous est appliqué dans le baptême. Comme dit Oepke, « Le baptême…est, pour les individus, l'actualisation de cette relation à l'histoire du salut. »[3] Comme Christ est vraiment mort et est ressuscité, nous aussi nous sommes morts et nous sommes ressuscités dans un sens spirituel en vue d'être amenés à une relation avec sa mort et sa résurrection en ce moment.

Il ne serait certainement pas hors propos de commenter ici sur la propriété de l'immersion en tant que forme valide du baptême. La référence au baptême en tant qu'être enterré avec Christ (v. 4 et voir Col. 2.12) souligne en lui-même ce fait. Mais le concept d'enterrement ne devrait pas être souligné en isolation des aspects de mort et de résurrection. En fait, la mort et la résurrection avec Christ sont les éléments principaux du baptême ; l'ensevelissement est seulement secondaire à celles-là. Ou plutôt, le point principal est la séquence de la mort, l'enterrement, et la résurrection, qui sont tous représentés par le seul acte de baptême. Il ne peut être disputé que l'immersion est la seule forme de baptême qui représente toute cette séquence ; aucune autre forme ne l'entreprend. Ce lien doit être intentionnel ; Dieu a fixé l'immersion comme façon d'être baptisé à cause de sa capacité visuelle unique de représenter la mort, l'ensevelissement et la résurrection – ceux de Christ et les nôtres.

Cela admet que le baptême *est* une représentation symbolique d'une réalité plus profonde, un « signe extérieur d'une grâce intérieure, » comme il est souvent décrit. Il n'y a presque personne qui le nie. Cependant l'erreur sérieuse qui est souvent liée avec cette vérité est que le baptême qui symbolise une réalité *a déjà eu lieu*. Cela serait vrai si nous pensions seulement à la mort, l'enterrement, et la résurrection de *Jésus* ; dans ce cas elle symbolise une réalité passée. Mais cela n'est pas vrai en ce qui nous concerne. Dans notre cas les écritures nous enseignent invariablement que le baptême en tant que symbole extérieur se produit *simultanément* avec la réalité spirituelle qu'il symbolise. Dans Romains 6 cette réalité est la mort et l'enterrement de notre ancienne vie de péché et de notre résurrection à une nouvelle vie. C'est une réalité qui se produit parce que nous sommes « baptisés en Christ ».

La base d'une vie sainte

Paul affirme dans Romains 6.3-4 que notre union avec Christ commence par le baptême, résultant en notre mort au péché et de notre résurrection à une nouvelle vie en Christ de façon personnelle. C'est l'équivalent à la nouvelle naissance de Jean 3.5, qui est liée au baptême et à l'Esprit. C'est aussi le même but pour lequel le Saint-Esprit est promis dans Actes 2.38-39, à savoir, la régénération intérieure. Ce sont juste des façons différentes de faire référence à la même réalité : être né de nouveau, être régénéré, mourir au péché et être ressuscité avec Christ. C'est accompli dans notre âme spécifiquement par le Saint-Esprit, dont la présence en nous est un cadeau qui est l'un des principaux bénéfices de l'œuvre rédemptrice de Christ et de notre union avec lui.

ROMAINS 6.3-4 <•> *Chapitre Sept*

Quelle est l'importance de la résurrection par l'Esprit dans notre âme ? Essentiellement c'est un changement au fond de nous qui brise l'existence du péché sur nos cœurs et rend possible une vie sainte et agréable à Dieu. La réalité de ce changement est le point principal du contexte de Romains 6.3-4.

Dans les cinq premiers chapitres de Romains, Paul a établi le fait que nous sommes justifiés par la foi dans les œuvres de Christ plutôt que par nos propres œuvres d'obéissance à la loi de Dieu. Telle est l'essence du salut par la grâce. Dans les chapitres 6 et 7 il traite des objections possibles qui peuvent être soulevées contre cet enseignement. Le premier est qu'une telle idée encouragerait les gens à commettre des péchés davantage. « Que dirons-nous donc? Demeurerions-nous dans le péché, afin que la grâce abonde? » (Romains 6.1). En réponse à cette objection Paul fait appel à l'évènement de notre baptême et à la réalité de la régénération qui s'est produite ici.

En effet Paul dit que celui qui croit que la grâce lui donne l'autorisation de continuer à pécher après avoir été sauvé ne comprends pas que c'est qu'une *double* cure. Être sauvé est plus qu'être justifié ou d'avoir le pardon du péché. Cela implique aussi un changement dans notre âme qui rend la vie sainte naturelle pour nous et le péché une contradiction à notre nature essentielle. Ici il parle en termes de mort et de résurrection. Il crie, « Nous qui sommes morts au péché, comment vivrions-nous encore dans le péché ? » (Romains 6.2).

Quelqu'un répondrait peut-être, « Que veux-tu dire, Paul, que nous sommes ‹ morts au péché › ? » Et alors vient la question didactique de Paul : « Comment ? Tu veux dire que tu ne savais pas ce qui s'est passé quand tu as été baptisé ? Tu ne sais pas que quand tu es baptisé en Christ, que tu es baptisé dans sa propre mort ? Aussi comme Sa mort a été suivie par Sa résurrection, ne sais-tu pas que toi aussi étais ressuscité dans la nouvelle vie ? (Romains 6.3-4). À cause de cette mort et de cette résurrection personnelles, nous en tant que chrétiens n'avons aucune excuse pour le péché ni aucune raison de commettre le péché. La prise de péché sur notre cœur est brisée ; nous sommes sauvés de son pouvoir d'asservissement (Romains 6.6-7). La sainteté n'est plus une obligation à poursuivre comme esclave, mais une possibilité bénie d'être saisie avec joie et avec reconnaissance. Telle est la nature de notre salut.

Quelle belle et merveilleuse leçon pour un chrétien qui est sérieux et sincère ! Que c'est réconfortant de savoir que nous avons en nous-mêmes le fondement d'une vie sainte, que nous avons été « crée en Christ Jésus pour de bonnes œuvres » (Eph. 2.10) ! Mais quand cela s'est-il passé ? Quand est-ce que nous avons fait l'expérience de cette merveilleuse réalité ? Dans ton baptême, confirme Paul. Et comment pouvons-nous garder la réalité de cette nouvelle vie dans nos pensées ? En te rappelant ton baptême ! N'oublie pas ce que Dieu a fait pour toi dans ton baptême ! Quel chrétien n'a pas pleuré, « Si seulement je pouvais mourir au péché ! » La vérité libératrice est que nous *le sommes déjà* – dans le baptême ! Comme chrétiens qui ont été baptisés dans la mort de Christ, c'est notre privilège de construire sur la réalité conférée là-dedans, à travers la puissance de l'Esprit qui continue à demeurer en nous.

Voici un fait qui ne peut pas être évité. Quand Paul veut souligner comment le péché est impensable et l'espoir d'une sainte vie pour un chrétien, il fait référence à ce qui s'est passé dans le baptême. Il ne dit pas, « Souviens-toi du moment quand tu as cru » ou « Ne sais-tu pas ce qui s'est passé quand tu t'es repenti ? » ; il ne dit pas, « Penses au moment où tu as baissé la tête et a reçu Christ dans ton cœur. » Il dit, « Souviens-toi de ton baptême ! » Pourquoi devrait-il amplifier le baptême si ce n'était pas le moment spécifique où l'œuvre de Dieu qui change la vie et qui renouvelle le cœur est vraiment accompli ?

Sommaire

Dans ce chapitre nous avons vu que Romains 6.3-4 s'occupe de la réalité fondamentale de notre union avec Christ, spécifiquement notre relation avec lui dans sa mort et sa résurrection qui nous sauvent. Le résultat n'est pas seulement le pardon des péchés mais aussi notre propre mort au péché et notre propre résurrection à une nouvelle vie. Ce dernier est le point principal de ce contexte.

Nous avons vu aussi, selon le texte, que notre union avec Christ et notre mort et résurrection spirituelles (une autre façon de décrire la régénération) se produisent dans le baptême. Les autres vues concernant le moment de notre mort et notre résurrection ne peuvent rendre justice à la claire affirmation que nous étions enterrés dans sa mort avec lui *à travers le baptême*. La centralité de la mort, de l'ensevelissement et de la résurrection dans le symbolisme du baptême montre que l'immersion est le seul mode de baptême approprié.

Enfin, nous avons vu que les œuvres spirituelles exercées dans notre cœur au moment de baptême sont le seul fondement divinement donné pour une vie sainte. Ainsi la grâce n'ouvre pas la porte au péché davantage. Au contraire cela ferme la porte sur le péché dans notre vie, si seulement nous vivrions au potentiel conféré sur nous dans le baptême.

NOTES

1. Un de mes professeurs au Westminster Theological Seminary (Jay Adams) a dit un jour en classe, « Il n'y a pas une goutte d'eau dans Romains 6 ! ».
2. L'idée que le baptême en tant qu'*ensevelissement* implique que la mort s'est déjà produite est une inférence qui est contraire au texte lui-même. Romains 6.4 ne dit pas que nous sommes enterrés dans le baptême parce que nous sommes *déjà* morts ; il dit que nous sommes ensevelis à travers le baptême *dans* la mort.
3. Albrecht Oepke, « λου˝ω, etc., » *Theological Dictionary of the New Testament* [Dictionnaire Théologique du Nouveau Testament], ed. Gerhard Kittel, tr. Geoffrey W. Bromiley (Grand Rapids: Eerdmans, 1967), IV: 303.

8

1 Corinthiens 12.13

Le passage suivant qui concerne l'importance du baptême est 1 Corinthiens 12.13, qui dit, « Nous avons tous, en effet, été baptisés dans un seul Esprit, pour former un seul corps, soit Juifs, soit Grecs, soit esclaves, soit libres, et nous avons tous été abreuvés d'un seul Esprit. » Cela concerne un thème qui devrait nous être familier maintenant, à savoir, la relation entre le baptême et le Saint-Esprit. Cependant deux autres concepts apparaissent ici pour la première fois : le baptême et l'appartenance à l'église, et le baptême et l'unité.

Baptisé dans l'Esprit

Nous avons déjà parlé du Saint-Esprit et du baptême en détail, surtout par rapport à Actes 2.38 ; mais nous n'avons pas encore examiné la signification de l'expression « baptisé dans l'Esprit ». Même si ce n'est pas immédiatement évident à cause de l'ordre des mots, cette expression est utilisée dans 1 Corinthiens 12.13. Nous avons tous été baptisés dans un seul Esprit, dit Paul.

Cette expression apparaît dans 6 autres versets dans le Nouveau Testament[1]. Quatre d'entre eux sont dans les Évangiles et ont seulement des rapports parallèles de l'annonce de Jean du Messie, « Moi, je vous ai baptisés d'eau; lui, il vous baptisera du Saint-Esprit. » (Marc 1.8 ; voir Mat. 3.11 ; Luc 3.16 ; Jean 1.33). Les deux autres sont dans le livre d'Actes et répètent simplement cette déclaration originale de Jean (Actes 1.5 ; 11.16). En général le verbe *baptiser* est suivi de la phrase prépositionnelle *dans le Saint-Esprit*, dans lequel « dans » est traduit par le mot grec *en*. Dans un cas (Actes 1.5) le verbe est au milieu de la phrase, mais cela n'affecte pas la signification ni l'accentuation. Dans un autre cas (Marc 1.8) la préposition est omise dans certains manuscrits, mais le cas datif produit la même signification.

1 CORINTHIENS 12.13 <•> *Chapitre Huit*

À l'exception des différences à cause d'une accentuation, l'expression comme il apparaît dans 1 Corinthiens 12.13 est la même que dans les autres 6 versets. Parce que l'accentuation ici est sur l'unité, la phrase prépositionnelle est donnée d'abord et précède le verbe ; elle se lit « dans *un seul* Esprit » au lieu de « dans le *Saint*-Esprit ». Mais les mots principaux et la signification sont les mêmes que dans les six autres versets : le verbe est le même *« baptiser »* ; la préposition est la même *en* ; l'Esprit est le même.

Il y a de désaccord sur la traduction de la préposition *en*. Le mot peut signifier « dans » ou « avec », dans le sens que l'Esprit est *l'élément dans lequel* nous sommes baptisés ; ou il peut signifier « par », au sens que l'Esprit est *l'agent par lequel* nous sommes baptisés. Dans la déclaration originale de Jean, le premier est la signification préférée, puisque là le baptême *dans* ou *avec* l'Esprit est comparé au baptême dans l'eau et au feu (Mat. 3.11 ; Luc 3.16), et le dernier sont les éléments plutôt qu'agents : et parce que le Messie est spécifié comme agent qui fait le baptême. Dans le contexte de 1 Corinthiens 12.13, toutefois, la même expression (*en* l'Esprit) est utilisée dans l'autre sens (v. 3, 9) là ou l'Esprit est un agent qui réalise une certaine activité. Mais il y a des raisons pour les prendre dans les deux sens au verset 13. Beasley-Murray est correct quand il dit, « En fait la signification n'est pas grandement affectée » dans les deux façons[2]. C'est possible que les deux idées soient incluses : L'Esprit en tant qu'agent nous baptise en lui-même en tant qu'élément. Nous continuerons à parler du « baptême dans l'Esprit ».

Qu'est-ce que cela veut dire d'être « baptisé dans l'Esprit ? » Ce contexte, avec des expressions semblables telles que « le baptême du Saint-Esprit » et « baptisé par l'Esprit» est compris de façons différentes dans la Chrétienté moderne. Parmi les groupes d'église qui sont orientés sur la Réformation (ex., Presbytérien, Réformé, Baptiste), il réfère le plus souvent sur le moment où le pécheur est né de nouveau quand Dieu lui confère l'Esprit pour le but du salut. Ce baptême de l'Esprit est simultané avec le commencement de la foi, soit comme sa cause (pour les Calvinistes), soit comme le résultat (pour les non-Calvinistes). C'est complètement distinct du baptême de l'eau. Le baptême de l'Esprit (et ainsi le salut) vient d'abord, afin d'être suivi plus tard par le baptême d'eau[3].

Chapitre Huit <•> 1 CORINTHIENS 12.13

Dans beaucoup de groupes d'églises orientées sur l'enseignement de Wesley (surtout les Pentecôtistes) et parmi les charismatiques, « baptisé dans l'Esprit » a une signification différente. Pour eux, il fait référence à un évènement qui a lieu après la conversion et après le baptême de l'eau, un évènement dans lequel le Saint-Esprit baptise les chrétiens avec une grâce fraîche. Il y a certains qui croient que cela résulte en une pleine sanctification ; pour des autres c'est un don des pouvoirs miraculeux ; spécialement le pouvoir de parler en langues. En lui-même il n'est pas un acte qui sauve, même si certains le prennent (surtout le parler en langue) en tant que *signe* nécessaire que la personne est sauvée. Sauf pour ceux qui prennent cette dernière opinion, le baptême de l'Esprit est quelque chose que tous les chrétiens *peuvent* vivre mais de laquelle certains n'ont aucune idée.

Dans le Mouvement de Restauration, il y a une troisième opinion du « baptême dans l'Esprit » qui est assez populaire. Cette opinion est similaire à l'opinion précédente en ce qu'il voit le baptême comme un don spécial des pouvoirs miraculeux, spécialement le parler en langue, et non en tant qu'acte qui sauve. Mais la similarité se termine ici. Selon cette opinion, seulement deux instances du baptême de l'Esprit se sont produites, à savoir, la Pentecôte (Actes 2) et chez Corneille (Actes 10). Cela n'a jamais été prévu pour d'autres personnes. Et dans ces deux cas, cela s'est produit avant le baptême d'eau, pas après.

La seule chose que ces diverses opinions ont en commun est que le baptême de l'Esprit est différent du baptême d'eau. Pour certains le baptême de l'Esprit vient avant, et pour d'autres après; mais en tous cas, il est séparé du baptême d'eau par un intervalle de temps, parfois très long.

À mon avis, aucune de ces opinions n'est correcte. Plutôt je l'interprète ainsi : le baptême du Saint-Esprit est quelque chose que chaque chrétien vit : « Par un Esprit nous sommes tous baptisés, » dit Paul. En plus son but est de donner le salut, pas des pouvoirs miraculeux. Comme nous l'avons vu dans notre étude ci-dessus dans Actes 2.38, la miraculeuse manifestation à la Pentecôte et à la conversion de Corneille étaient des exceptions uniques et ne doivent pas faire partie de l'essence normale du baptême de l'Esprit. Son essence est plutôt l'œuvre de salut de l'Esprit dans laquelle il régènère le pécheur et commence à demeurer en lui ; en somme, c'est la deuxième partie de la double cure décrite préalablement. Enfin, le baptême de l'Esprit se produit simultanément avec le baptême d'eau, plus exactement, c'est l'aspect intérieur de notre baptême. En accord avec ce que nous avons déjà vu en connexion avec Jean 3.5 et Actes 2.38, cette œuvre de salut de l'Esprit (à savoir, le baptême d'Esprit) est quelque chose qui se produit en chacun de nous quand nous sommes baptisés dans l'eau.

La séparation du baptême de l'Esprit et de l'eau du baptême en deux évènements distincts est l'une des erreurs doctrinales les plus sérieuses à être introduites dans la chrétienté[4]. Dire qu'il y a deux baptêmes séparés dans la chrétienté normale met en contradiction l'enseignement spécifique d'Ephésiens 4.5, « un seul Seigneur, une seul foi, *un seul baptême* ». Même s'il y a deux aspects, intérieurement et extérieurement, le baptême est un seul évènement. Notre seul Seigneur a deux natures, le divin et l'humain. Notre seule foi a deux aspects, assentiment et confiance. Et notre baptême a deux aspects, l'eau et l'Esprit. Quand un chrétien se rappelle le moment de sa conversion, il ne distingue pas deux points séparés, chacun rd'eux econnu comme le baptême. Quand nous trouvons des références au baptême dans la Bible, nous ne nous demandons pas à quoi elle fait référence – le baptême de l'Esprit ou le baptême de l'eau. Il y a seulement *un* baptême auquel il *peut* faire référence, à savoir, le seul baptême que tous ont vécu : le seul moment où nos corps sont plongés dans l'eau et nos esprits sont immergés dans le Saint-Esprit.

Que l'Esprit agisse d'une façon pour sauver dans le baptême est clairement envisageable dans des passages tels que Jean 3.5, Actes 2.38, et Tite 3.5. Que son œuvre de salut devrait être appelée elle-même *baptême* est approprié, mais dans un sens c'est assez secondaire. Du point de vue des promesses pré-Pentecôtistes, le point important était que le Messie viendrait et nous *donnerait* le Saint-Esprit en tant que présence régénératrice. Que ce don de l'Esprit soit appelé baptême ou quelque chose d'autre n'est pas le point principal. La terminologie en fait dérive des circonstances dans lesquelles Jean a fait sa promesse originale. Son point principal était d'attirer l'attention sur la différence énorme entre lui-même et le Messie promis. Une distinction était que ce dernier amènerait le don du Saint-Esprit si long-attendu. Il a exprimé la distinction en des termes qui étaient suggérés

Chapitre Huit <•> 1 CORINTHIENS 12.13

par son environnement immédiat— son travail de baptême. Je vous baptise d'eau seulement, dit-il ; mais le Messie vous « baptisera » dans l'Esprit. Ce terme est particulièrement secondaire ; le concept peut être rédigé dans plusieurs façons.

Jésus lui-même a exprimé la promesse en des termes différents. Il a parlé à la femme au puits et lui a dit *de boire* le don *de l'eau vivante* (Jean 4.10, 14). Ce langage particulier est également suggéré par l'environnement immédiat. La même image est utilisée dans Jean 7.37-38, quand Jésus s'est écrié, « Si quelqu'un a soif, qu'il vienne à moi et qu'il boive. Celui qui croit en moi, des fleuves d'eau vive couleront de son sein, comme dit l'écriture. » Il est souvent convenu que le langage de Jésus sur boire de l'eau vive est une allusion a une cérémonie importante dans cette fête particulière (v. 37), une cérémonie qui implique une cruche d'eau. C'est vraiment instructif, alors, quand l'Apôtre Jean assimile « l'eau vive » avec l'Esprit qui sera donné après la glorification de Jésus au ciel (v. 39). Ainsi ces références de *boire* l'eau vive (l'Esprit) ne sont qu'une autre façon de parler de la manière dont on reçoit le don du Saint-Esprit. Que l'on l'appelle « être baptisé de l'Esprit » ou « boire de l'Esprit » est fortuit.

En fait, 1 Corinthiens 12.13 comprend tous *deux* ces manières de parler figurativement ; il fait référence à ces deux incidents dans les Évangiles et leur promesse commune de l'Esprit. « Nous avons tous été *baptisés* par un seul esprit pour former un seul corps, » dit ce passage, utilisant le terme de Jean-Baptiste ; « nous avons tous été abreuvés d'un seul Esprit, » dit ce passage, utilisant les termes de Jésus. Les deux font référence au même évènement, à savoir, quand Jésus nous a donné le don du Saint-Esprit dans le baptême chrétien.

Quand les Chrétiens de Corinthe ont lu cette déclaration, « nous avons tous été baptisé dans un seul esprit pour former un seul corps, » les références au baptême auraient déclenché un seul souvenir dans leurs têtes, à savoir, le moment de leurs immersions dans l'eau afin de recevoir le don du Saint-Esprit. Cela devrait signifier la même chose pour nous aussi.

1 CORINTHIENS 12.13 <•> *Chapitre Huit*

Le Baptême et l'Eglise

Un autre élément important dans ce verset est la relation entre le baptême et les membres de l'Église de Jésus-Christ. Nous avons été tous baptisés dans un seul Esprit « dans [eis] un seul corps, » dit ce passage. Ainsi nous apprenons que le baptême est le point ou le mode d'entrer dans l'Eglise.

L'un « seul corps » est la seule *Eglise* de notre Seigneur. Paul compare souvent l'Eglise avec le corps humain[5], surtout pour souligner l'autorité de Christ et l'unité du peuple de Dieu. Ce dernier est le point important de ce contexte (1 Cor. 12.12-30), comme on le verra dans le point suivant (le Baptême et l'Unité). À propos du verset 13 on remarque simplement que l'entrée dans « un seul corps » est identique à l'entrée dans la seule église.

Paul dit spécifiquement que nous sommes *baptisés dans* l'église. Le mot *dans* vient encore du mot grec *eis*, indiquant le mouvement vers un objectif. Le but est l'appartenance dans l'église de Christ, et le baptême est l'action qui nous pousse à cet objectif. Une telle déclaration ne devrait pas nous surprendre de ce que nous avons déjà vu par rapport à Romains 6.3-4, qui dit que nous sommes « baptisés en [eis] Jésus-Christ. » Si nous avons été baptisés en Christ, c'est logique que nous ayons été baptisés en son Corps. Cela correspond aussi à Jean 3.3-5, ou être « né d'eau » est une condition pour entrer dans le royaume de Dieu.

Certains seront surpris d'apprendre que presque tous chrétiens approuvent qu'il y a un lien entre le baptême et être membre de l'église. Un point crucial ici, néanmoins, est la distinction entre l'église *visible* et l'église *invisible*. Est-ce que cette distinction est valide ? Beaucoup dans le mouvement de restauration le nient. Ils nient l'existence d'une telle chose de l'église *invisible* et disent souvent que c'est l'une des inventions humaines les plus diaboliques.

Je dois insister, toutefois, qu'une telle distinction est assez valide selon les Ecritures, dans au moins un sens important. Je suis d'accord avec la prémisse importante du mouvement de Restauration que le Nouveau Testament donne (au moins en général) un plan perceptible pour l'église en termes d'organisation et de politique. Une fois que ce plan est discerné, on peut visiblement faire la distinction entre une

Chapitre Huit <•> 1 CORINTHIENS 12.13

église qui suit ce plan et une église qui ne le suit pas. L'un de nos objectifs principaux est de rendre « l'église visible » conforme à ce plan.

En même temps, très peu de gens insisteraient que les listes des membres de l'église de toutes les assemblées qui suivent le plan du Nouveau Testament sont exactement pareilles aux listes des chrétiens dans le monde entier aujourd'hui. (Par « chrétiens » je veux dire ceux qui sont vraiment sauvés, ceux qui ont reçu la « double cure » du salut à travers Christ.) Une autre prémisse du mouvement de Restauration est qu'il y a des chrétiens parmi des sectes ou les dénominations, c'est-à-dire, parmi ces groupes d'église dont la structure visible n'est pas conforme au plan du Nouveau Testament. De l'autre côté, il devrait être évident que certains d'entre ceux dont les noms sont inscrits sur les listes des membres des assemblées du Nouveau Testament sont des hypocrites et des apostats (voir Matt. 13.47-50). Mais quel être humain peut discerner qui parmi ceux qui sont membres des églises (visibles) hors du plan du Nouveau Testament sont vraiment sauvés, et qui parmi eux ne le sont pas ? Personne. Seul Dieu peut voir le cœur de l'homme ; seul Dieu a la connaissance infaillible de qui est vraiment « en Christ » ou dans le corps de Christ.

Voici le sens dans lequel l'église est *invisible*. La frontière qui sépare les sauvés et les non sauvés est visible à Dieu seulement, mais invisible pour nous, êtres humains limités. Tous ceux qui sont vraiment sauvés sont des membres du corps duquel Christ est le chef et le Sauveur (Eph. 5.23), un membre de l'église que Christ a aimé, et s'est livré lui-même pour cette église (Eph. 5.25). C'est la seule église universelle dont les barrières nous sont invisibles. Puisque le Nouveau Testament révèle le plan de la politique ou de l'organisation dans laquelle Dieu veut que son peuple vive et le serve, nous devons dire que beaucoup de membres de l'église invisible ne sont pas obéissants à la volonté de Dieu aussi longtemps qu'ils resteront des membres des dénominations, organisations ou aucune église non-biblique.

C'est une question de sanctification incomplète ; ça ne nie pas leur salut aussi longtemps que ça ne soit pas un défi délibéré de la seigneurie de Christ. Ainsi ils restent dans l'église invisible même s'ils ne sont pas des membres d'une église visible qui n'est pas sanctionnée par la Bible[6].

1 CORINTHIENS 12.13 <•> *Chapitre Huit*

Par exemple, une personne peut être convertie dans un contexte Méthodiste ou Catholique et malgré cela insiste à être baptisé en Christ pour le pardon de ses péchés et du don du Saint-Esprit. Ou un adolescent est converti dans un camp chrétien et est baptisé en Christ avant de devenir un membre d'une assemblée locale particulière. Des telles personnes sont sûrement dans le « seul corps » qui est sous le sang de Christ.

On devrait noter que « le corps » indiqué dans 1 Corinthiens 12.13 correspond à l'église *invisible*. C'est généralement le cas pour toutes les références au corps de Christ ; par exemple, « il est aussi le chef du corps, l'église » (Col. 1.18). La référence à *un* seul corps (voir Eph. 4.44) montre plus clairement que l'église universelle est envisagée plutôt qu'une seule assemblée locale.

Cette discussion est liée au baptême et à l'appartenance de l'église d'une façon importante. L'idée courante parmi les protestants (ceux qui croient dans la foi seulement pour le salut) est que le baptême est le moyen d'entrer dans l'église *visible* (comme ils le comprennent), mais qu'il n'y a aucun lien particulier avec l'appartenance dans l'église *invisible*. Pour être plus claire, pour eux, le baptême du *Saint-Esprit*, un évènement séparé du baptême d'eau, est le point où l'on rentre dans l'église invisible (et est sauvé) pendant que le baptême d'*eau* est le point d'entrer dans l'église visible.

Mais comme nous l'avons déjà vu, la Bible ne sépare pas le baptême du Saint-Esprit et le baptême d'eau ; il y a seulement *un baptême*. Quand les Ecritures parlent de notre baptême, elles font référence au baptême d'eau pendant lequel l'Esprit travaille. Ainsi quand 1 Corinthiens 12.13 dit que nous sommes « baptisés pour former un corps », cela veut dire que le baptême *d'eau* est le moment où nous sommes entrés dans l'église *invisible* de Jésus-Christ, que nous devenons à ce moment-là membres de l'église visible ou pas. Nous ne pouvons souligner assez fortement que la position biblique est ainsi à l'opposé à la position courante dans le Protestantisme. Le Nouveau Testament ne dépeint *jamais* le baptême comme un simple acte public par lequel on entre dans une assemblée locale et visible. Le baptême est toujours une affaire de salut et ainsi, l'entrée dans l'église universelle, qui est l'invisible corps de Christ. Un bon exemple de cela est l'eunuque éthiopien, dont le baptême se produit dans un désert et n'était d'aucune façon liée avec une assemblée locale (Actes 8.26-39).

Ainsi être baptisé dans le corps de Christ veut dire que quiconque reçoit le baptême biblique avec un cœur repentant, fait partie de l'église pour laquelle Jésus est mort, quel que soit le groupe d'église visible dont il est membre, s'il y en a.

Le baptême et l'unité

L'accentuation principale dans 1 Corinthiens 12.13 est *l'unité* de tous chrétiens. Il n'y a qu'*un seul* corps. C'est vrai même quand nos propres faiblesses et manies ont la tendance de diviser les chrétiens les uns des autres et fragmentent le corps de Christ sur un niveau visible. Cela semble avoir été un problème particulier à Corinthe. Une cause de division était la catégorisation arbitraire de dons spirituels dans les moindres et les plus importants details. C'est dans ce contexte que Paul les rappelle et nous rappelle qu'il n'y a qu'un corps, et que nous y sommes tous entrés de la même façon, à savoir : par l'Esprit nous avons été baptisés dans un seul corps.

La base ultime de l'unité de l'église est Dieu lui-même, en tant qu'un seul Esprit, un seul Seigneur, (le nom utilisé plus fréquemment par Paul pour Jésus ou Dieu le Fils), et un seul Dieu (le nom utilisé par Paul plus fréquemment par Paul pour Dieu le Père), comme indiqué en 1 Corinthiens 12.4-6[7]. L'accentuation principale est sur l'Esprit, qui est la source immédiate des tous dons spirituels donnés à l'église (1. Cor. 12.7-11). Même si les membres de l'église ont des dons variés, nous sommes ce que nous sommes pas à cause d'un grand ou un moindre accomplissement de notre part, mais à cause de l'action commune du même Esprit sur nous tous.

Mais même encore plus fondamentale à notre unité que l'origine commune de nos dons est l'origine commune de notre appartenance à l'église. C'est-à-dire, l'église (le Corps) est un seul parce que nous sommes tous – chacun des membres qui y sont rentrés par la même porte : l'action du Saint-Esprit dans le *baptême*. Ainsi le baptême lui-même est une base d'unité pour tous chrétiens. Ceux qui ont reçu le même baptême font partie du même corps. C'est en accord avec Éphésiens 4.5, où « un seul baptême » est dans la liste des facteurs unificateurs de l'église. C'est aussi en accord avec Galates 3.27-28, qui dit tous ceux qui ont été baptisés en Christ forment un seul en Lui.

L'un des buts fondamentaux du mouvement de la Restauration a toujours été d'amener ceux qui ont reçu le même baptême par le même Esprit dans un seul corps *visible* ou leur unité n'est pas seulement réelle mais ouvertement manifestée au monde entier. Ce corps visible ne peut être moins que le plan de l'église révélé par l'enseignement apostolique. C'est l'essence de « l'appel de la Restauration. »

Sommaire

Premier Corinthiens 12.13 enseigne d'abord que tous les Chrétiens ont été « baptisés dans l'Esprit ». C'est erroné de séparer le baptême de l'Esprit du baptême d'eau, ou de le lier exclusivement aux dons miraculeux, ou de le limiter à la Pentecôte ou à Corneille. Le baptême de l'Esprit fait partie du même évènement que le baptême d'eau ; son but est le salut ; et il a été vécu par tous chrétiens. Il y a UN seulement baptême. Quand on lit dans les Ecritures au sujet de notre « baptême », on ne doit pas essayer de décider s'il parle de notre baptême de l'Esprit ou notre baptême dans l'eau, comme s'ils étaient deux évènements distincts. Il y a seulement un baptême, quand nous avons été immergés dans l'eau pour recevoir le don de l'Esprit.

La deuxième chose dans ce passage est que le baptême est la porte de l'église ; nous avons tous été « baptisés pour former un corps. » Le corps est l'église ; on y rentre et on y devient membre par le moyen du baptême. Même si certains disent que cela fait référence seulement aux membres dans l'église visible locale, ce n'est pas le cas. Le baptême est le moment où nous rentrons dans « un seul corps » de Christ, qui est parfois appelé l'église invisible, le groupe des personnes qui sont sous le sang de Christ.

Le point final de ce passage est que le baptême est un point important pour *l'unité* de l'église. Ce qui rend que le corps a sa seule relation à un seul Dieu, surtout l'œuvre d'un seul Esprit au moment de notre baptême. Ainsi l'église est un seul corps parce que nous y sommes entrés tous de la même façon, à travers un seul baptême.

Chapitre Huit <•> 1 CORINTHIENS 12.13

NOTES

1. Un autre passage avec une expression parallèle est 1 Corinthiens 6.11, où le mot *lavé* est utilisée au lieu de *baptisé*. Nous avons tous été « baptisé dans [en] le Saint-Esprit, » dit ce passage.
2. Beasley-Murray, *Baptism in the New Testament* [Le Baptême dans le Nouveau Testament], 167.
3. Cela serait la manière uniforme pour tous adultes. Dans le cas des bébés (pour ceux qui croient au baptême des bébés), le baptême d'eau peut précéder le baptême de l'Esprit par plusieurs années.
4. La déclaration de Jean, « Je vous baptise d'eau ; mais il vous baptisera par le Saint-Esprit, » reflète seulement une distinction entre le baptême de Jean, qui était avec de l'eau *seulement*, et le baptême Chrétien, qui est avec l'eau *et* l'Esprit.
5. Rom. 12.4-5 ; 1 Cor. 10.17 ; 12.12-30 ; Eph. 1.22-23 ; 3.6 ; 4.4, 12-16 ; 5.23, 30 ; Col. 1.18, 24 ; 2.19 ; 3.15.
6. On devrait noter que Dieu se préoccupe de l'église visible *et* de l'église invisible. Seulement parce que ce dernier est celui dans lequel l'appartenance est indispensable pour le salut ne veut pas dire que l'appartenance dans le premier est question d'indifférence pour Dieu. On ne peut pas plaire complètement à Dieu jusqu'à ce qu'il soit membre du corps invisible des sauvés *et* l'église divinement ordonné. C'est l'une des présuppositions indispensables du Mouvement de Restauration.
7. C'est en parallèle du point émis dans Ephésiens 4.3-6.

9

GALATES 3.26-27

Le passage suivant avec des informations sur la signification du baptême est Galates 3.26-27, qui dit, « Car vous êtes tous fils de Dieu par la foi en Jésus-Christ; vous tous, qui avez été baptisés en Christ, vous avez revêtu Christ. » La clé de comprendre ce passage est le concept d'être fils par rapport au concept d'être héritier. Cela est résumé en Galates 4.7, « Ainsi tu n'es plus esclave, mais fils; et si tu es fils, tu es aussi héritier par la grâce de Dieu. »

Le point principal pour nos buts est suivant: on entre dans l'état d'être fils, qui nous qualifie à être héritier des bénédictions de Dieu de salut, par le baptême chrétien[1].

Fils de Dieu

Pour comprendre le point de Galates 3.26-27, on doit comprendre le point du contexte entier de Galates 3.1-4.7. L'idée centrale ici est l'importance d'Abraham et notre rôle en tant que *fils* d'Abraham. Selon Paul, l'évangile même a été prêché à Abraham quand Dieu a promis qu'à travers lui « toutes les nations seront bénies » (3.8, Gen. 12.3). C'est à dire, à travers Abraham tout ce qui est offert par l'évangile sera possible pour toutes les familles et toutes les nations sur la terre.

Tout ce qui est offert par l'évangile comme spécifié dans ce passage entre dans le cadre des mêmes éléments que pour la « double cure » mentionnée plusieurs fois et traitée en détail par rapport à Actes 2.38. Le premier élément est la justification ou le pardon. Comme Abraham qui a été justifié (imputé à justice) par la foi, Dieu a promis qu'il « justifieraient les païens par la foi » aussi (3.6, 8). L'autre élément est le don du Saint-Esprit, dont Abraham n'a pas eu l'occasion de jouir, mais qui faisait partie de la bénédiction qui viendrait

GALATES 3.26-27 <•> *Chapitre Neuf*

aux autres à travers lui. C'est compris dans Galates 3.2-5, dans 4.6 et surtout dans 3.14, ou la « bénédiction d'Abraham » est égale à la « promesse de l'Esprit. »

Ces dons de l'évangile sont décrits comme la « bénédiction d'Abraham » (3.14), et comme les « promesses… déclarées à Abraham » (3.16), et spécialement en tant que « l'héritage » qu'Abraham avait le privilège de laisser à sa postérité et ses héritiers.

La question principale soulevée à ce point est celle-ci: *qui* sont les héritiers d'Abraham ? Qui hériteront des bénédictions de l'évangile ? Dans un autre sens, qui est considéré *fils* d'Abraham[2] ? Être fils est l'idée cruciale. Il est important d'avoir la position d'un fils, puisque dans l'économie de l'Ancien Testament ordinairement c'était seulement les fils qui pouvaient hériter des biens de la famille. Aussi longtemps que les fils vivaient, les femmes et les esclaves ne recevaient aucun héritage. Seulement s'il n'y avait pas de fils, les filles pouvaient être héritières (Nom. 27.1-11 ; 36.1-12), et seulement s'il n'y avait pas d'héritier naturel les esclaves pouvaient être désignés comme héritiers de la propriété (Gen. 15.3). Ainsi pour être *héritier* d'Abraham, on doit être *fils* d'Abraham. Jusqu'à ce que nous soyons fils, notre condition n'est pas différente de celle d'un esclave (4.1-7) : nous n'ayons aucun droit à cet héritage.[3]

À cette étape Paul fait une déclaration inattendue qu'Abraham a un seul vrai fils et un héritier, à savoir, Jésus-Christ (3.16). Il note que la promesse a été donnée à Abraham et à sa *postérité*, au singulier. Elle n'a pas été donnée à plusieurs *postérités*, au pluriel, mais seulement à cette postérité et fils, qui est Christ. Techniquement, il est la seule postérité « à qui la promesse a été faite » (3.19).

Ainsi il est le seul vrai fils et héritier d'Abraham. Le reste de nous, que nous soyons juifs ou païens, esclaves ou affranchis, mâles ou femelles, tous semblent être exclus.

Mais là, l'évangile, la bonne nouvelle, devient encore mieux. Bien que Christ soit le seul vrai fils et héritier, *tous ceux* qui sont « en Christ Jésus » (3.14) ou unis avec Christ sont comptés comme faisant partie de Christ lui-même et par conséquent comme fils et héritier ! C'est le point principal de Galates 3.26-29. Bien sûr, Jésus est quand même le seul fils légitime ; nous autres sommes des fils par adoption (4.5).

Chapitre Neuf < • > **GALATES 3.26-27**

Comme être unis avec Christ est notre seul espoir de recevoir la bénédiction de l'évangile, notre souci principal devrait être *comment devenir unis avec Christ*. Comme nous l'avons déjà vu dans notre étude de Romains 6.3-4, et comme nous le verrons ci-dessous, *le baptême* marque notre entrée dans cette union.

Revêtir Christ

Avant de tourner à la discussion de baptême lui-même, nous devons explorer la définition de l'expression « revêtir Christ » comme il apparaît dans Galates 3.27, « vous tous, qui avez été baptisés en Christ, vous avez revêtu Christ. » L'image elle-même est assez vive. Christ est comparé à un vêtement que nous mettons et que nous commençons à porter au moment de notre baptême. Mais que représente l'image ?

Cette même image ou figure de style est trouvé dans d'autres passages qu'ici. Sa signification varie selon le contexte. Des fois elle semble être équivalente à la seconde partie de la double cure, de « mettre » une nouvelle nature à travers la régénération de travailler cette nouvelle nature à travers la sanctification. Nous enlevons le vieil homme pécheur (Rom. 6.6) et nous nous revêtons de l'homme nouveau (Eph. 4.22-24). Dans un sens ce « nouvel homme » n'est que Christ lui-même, comme Paul nous exhorte « à revêtir le Seigneur Jésus-Christ » (Rom. 13.14). « Ce n'est plus moi qui vis, c'est Christ qui vit en moi » dit Paul lui-même (Gal. 2.20). Le point est que nous « revêtons Christ » quand nous vivons dans l'obéissance à la volonté de Dieu par le pouvoir de Christ qui travaille en nous et selon l'exemple de sa vie.

Une autre définition possible d'être « revêtu Christ » fait référence à l'image de la première partie de la double cure, ou la justification. Le verset clé ici est Ésaïe 61.10, « Je me réjouirai en l'Eternel, Mon âme sera ravie d'allégresse en mon Dieu; Car il m'a revêtu des vêtements du salut, Il m'a couvert du manteau de la délivrance. » En contraste avec « l'habit crasseux » de nos propres futilités « actes vains » (Esaïe 64.6), Dieu nous fait le don de sa propre justice pour nous couvrir comme une robe qui nous couvre. Voici la « justice de Dieu » que le Nouveau Testament rend centrale à l'évangile (Rom. 1.16-17 ; 3.21 ; 10.3 ; 2 Cor. 5.21 ; Phil. 3.9). Cette « justice de Dieu » n'est moins que le sang de Christ, par lequel il a satisfait à la justice exigée par la loi de Dieu en payant la pénalité de nos péchés. Ainsi être « revêtu Christ » dans ce sens veut dire être couvert par son sang comme si c'était une « robe de justice » couvrant nos péchés.

Tous les deux aspects de salut sont inclus dans le concept biblique de « s'habiller avec Christ » ou d'avoir « revêtu Christ. » C'est douteux, néanmoins, que l'un d'eux soit en vue dans Galates 3.27. Vu le contexte c'est plus probable que le point principal que Paul veut donner avec cette image est simplement *l'union avec Christ* elle-même. Quand nous avons revêtu Christ, nous sommes identifiés avec lui ; nous sommes en lui ; dans un sens nous sommes une partie de lui. Ce qui est vrai pour Christ dans un sens devient vrai pour nous, aussi. Le point principal ici est que parce que nous devenons un seul avec Christ, nous partageons sa condition d'être fils et son héritage par rapport à la bénédiction d'Abraham. Effectivement, c'est la *seule* façon pour nous de partager ces choses.

Les deux versets qui suivent (3.28-29) confirment cette entente. Le verset 28 dit que tous ceux qui ont revêtu Christ sont « un en [*en*] Christ Jésus. » Le mot *en* ou *dans* est la préposition grecque pour *en*, qui peut aussi être traduite par « avec » ou « par. » Dans mon opinion, il devrait être traduit par « avec » dans Galates 3.28, afin qu'on lise « vous êtes tous un *avec* Christ Jésus. » C'est l'idée exigée par ce contexte ; le point principal est que nous avons été unis avec Christ, que nous faisons un seul avec Christ. Le verset 29 affirme cette opinion d'une autre façon, en disant que « vous *appartenez* à Christ. » Après suit la conclusion à laquelle tout cela a conduit. Si vous appartenez à Christ (le revêtir, devenir un avec lui), « alors vous êtes la postérité d'Abraham, héritiers selon la promesse » (3.29). Peu importe que vous soyez païens, femmes, esclaves – qui n'hériteraient jamais selon la loi de l'Ancien Testament. Si on est en Christ et devenu un avec Christ, on sera *traité* comme un *fils* et ainsi recevra l'héritage quand même. Cela est résumé dans 4.7 « Ainsi tu n'es plus esclave, mais fils; et si tu es fils, tu es aussi héritier par la grâce de Dieu. »

La foi, le Baptême et la Filiation

Maintenant on revient à la question élevée à la fin de la section « Fils de Dieu » ci-dessus. Selon ce passage, *comment* revêt-on Christ

Chapitre Neuf <•> GALATES 3.26-27

ou s'unit-on avec lui, et comment partage-t-on dans sa condition d'être fils et son héritage ? Les deux conditions spécifiées ici sont la *foi* et le *baptême*.

La première exigence pour participer à l'héritage abrahamique est la foi. C'est l'un des thèmes principaux du livre de Galates. Apparemment l'église de Galates était sous pression d'un groupe juif d'inclure la circoncision dans la liste des exigences pour devenir chrétien. Puisque la circoncision était le symbole primaire de toute la loi mosaïque, c'était l'équivalent d'exiger l'obéissance à la loi comme condition pour recevoir la grâce qui sauve – une contradiction impossible. Dans ce troisième chapitre surtout, Paul accentue le contraste entre le système de la loi pour le salut, par lequel on est sauvé par ses actes, et le système de la grâce, par lequel on est sauvé par la foi. « Voici seulement ce que je veux apprendre de vous » dit-il aux Chrétiens de Galates: « Est-ce par les œuvres de la loi que vous avez reçu l'Esprit, ou par la prédication de la foi ? » (3.2 ; voir 3.5). Cet héritage n'est pas reçu par des conditions légales (et par conséquent par des œuvres), mais par la foi dans la promesse de grâce de Dieu (3.14, 18, 22).

Voici le contexte pour la déclaration importante dans Galates 3.26, « Car vous êtes tous fils de Dieu par la foi en Jésus-Christ. » Ici « fils de Dieu » n'est pas différent de « fils d'Abraham » (3.7) ; l'héritage est à travers Abraham mais est finalement de Dieu. Le point important est la condition d'être fils, puisque seuls les fils peuvent être héritiers. Comment devenons-nous fils ? À travers la *foi* en Christ Jésus.

C'est fortement approprié, puisque la propre adoption d'Abraham lui-même était à travers la foi. « Comme Abraham crut à Dieu, et que cela lui fut imputé à justice » (3.6 ; voir Gen. 15.6). C'est à dire, à travers sa foi qu'il a été *justifié*. Comme « Abraham le croyant » (3.9) il est un modèle pour tous ceux qui veulent être adoptés dans sa famille. Seulement quand nous imitons sa foi que nous pouvons être ses fils : « reconnaissez donc que ce sont ceux qui ont la foi qui sont fils d'Abraham » (3.7). Seulement quand nous imitons sa foi que nous pouvons être ses héritiers : « de sorte que ceux qui croient sont bénis avec Abraham le croyant » (3.9). Comme Abraham, nous aussi sommes « justifiés par la foi » (3.24).

GALATES 3.26-27 <•> *Chapitre Neuf*

Ce n'est pas seulement une question de ce qui est *approprié*, toutefois, comme si l'inclusion dans la famille d'Abraham était simplement une récompense adéquate pour quelqu'un qui imite sa foi. Nous ne pouvons pas oublier le point que Paul a fait qu'une seule « postérité » ou fils est un héritier légitime à la promesse abrahamique (3.16), et ce fils est Christ. Une foi comme celle d'Abraham ne confère pas sur nous en elle-même la condition d'être fils, *mais elle nous amène à l'union avec Christ,* et c'est cette union qui nous inclut dans la famille d'Abraham. « Si tu *appartiens à Christ,* alors tu es la postérité d'Abraham, héritiers selon la promesse » (3.29). Nous ne devons pas oublier le centre christologique de notre foi ni la base christologique de l'héritage lui-même.

Le verset 26 est très clair que la foi est nécessaire pour être fils : nous sommes « fils de Dieu *à travers la foi.* » Mais le verset 27 est aussi clair que le *baptême* est l'action qui nous unit à Christ, ainsi rendant la condition d'être fils possible : « vous tous, qui avez été baptisés en Christ, vous avez revêtu Christ. » L'expression *baptisé en Christ* est la même que celle dans Romains 6.3. Nous avons vu dans cette discussion comment l'idée « en Christ, » avec la préposition *eis*, fait référence à l'évènement d'entrer dans l'union avec Christ. Selon Romains 6.3 et Galates 3.27, l'action qui l'amène est le baptême : nous avons été *baptisés* en Christ.

Le livre de Galates souligne plus fortement ce lien entre le baptême et l'union avec Christ quand il dit que le baptême en Christ est égal à revêtir Christ. Les concepts sont presque égaux. Si tu as fait l'un, dit Paul, tu as fait l'autre. Si tu as été baptisé en Christ, tu t'es revêtu Christ. Ils sont pratiquement la même chose.

Les concepts sont *presque* égaux, mais pas tout à fait. Plus précisément, ils sont dans une relation causale si près que l'on ne peut pas les séparer. Avoir revêtu Christ est le résultat nécessaire ou l'effet d'être baptisé en Christ. Voici le point principal pour la séquence des idées dans ce verset.

C'est important de noter la séquence des concepts pour une autre raison. Nous pouvons nous rappeler la compréhension courante sur le baptême parmi les protestants qu'il est un acte qui *suit* le salut afin de symboliser que l'on est *déjà* uni avec Christ. Si c'était vrai, l'ordre de Galates 3.27 devra être l'opposé : « vous tous qui avez

Chapitre Neuf <•> **GALATES 3.26-27**

revêtu Christ vous avez été baptisé en Christ. » Mais ce n'est pas ce qu'il dit, puisque ce n'est pas ainsi que cela s'est passé. C'est de l'autre façon comme cela indique par le verset.

Mais comment pouvons-nous être certains que ce verset parle du baptême *d'eau* ? Pourrait-il faire référence au baptême du Saint-Esprit, et non au baptême de l'eau du tout ? Comme nous l'avons vu dans le chapitre ci-dessus, ce type de distinction n'est pas valide bibliquement; il y a « un seul baptême » (Eph. 4.5). Quand l'église de Galates qui a reçu initialement la lettre de Paul et lisait la déclaration sur leur propre baptême, un seul évènement rentrait dans leur pensée : leur immersion dans l'eau pour le pardon de leurs péchés et le don du Saint-Esprit.

Le verset 26 parle de *devenir fils* à travers la foi ; verset 27 parle *d'être uni avec Christ* à travers le baptême. Comment ces concepts sont-ils liés ? Sont-ils identiques, ou y'a-t-il seulement une séquence logique (si non chronologique) en vue ? La réponse est qu'ils ne sont pas la même chose, mais encore sont dans une relation causale si près qu'ils ne peuvent pas être séparés. C'est-à-dire, la condition d'être fils dans le verset 26 est l'effet de l'union avec Christ dans le verset 27. Le verset 26 affirme que nous *sommes* fils de Dieu à travers la foi, et le verset 27 explique *comment* cela s'est produit. Le mot clé est le mot *pour* (grec, *gar*) au commencement du verset 27, qui à la force du mot *parce que*. Nous sommes fils de Dieu à travers la foi, *parce que* nous avons été baptisés en Christ. L'union avec Christ est la cause ou une condition préalable d'être fils. Et puisque l'on entre dans l'union avec Christ par le baptême, alors le baptême aussi est une condition préalable d'être fils.

Il y a une autre signification de ce baptême : ce qui s'est passé dans le baptême est une condition préalable de ce qui est dit d'avoir lieu à travers la foi. Nous sommes fils de Dieu à travers la foi, mais cet état d'être fils n'est pas acquis *aussitôt que* nous avons la foi. Plutôt, c'est acquis quand cette foi nous conduit vers le baptême qui nous unit avec Christ. Cela devrait servir comme précaution contre l'erreur courante d'assimiler l'expression Biblique « par la foi » avec le concept beaucoup différent de « aussitôt que nous avons la foi. » Comme analogie, avoir 10 dollars peut être une condition nécessaire pour entrer dans le stade pour assister à un match, mais cela ne veut pas dire que l'on verra le match aussitôt que l'on aura les 10 dollars. On doit quand même aller au stade où le match aura lieu. Également, avoir la foi est une condition préalable pour être fils et héritier, mais nous devons quand même aller à l'endroit où l'état d'être fils est conféré, c'est-à-dire, le baptême.

Cela ne diminue pas du tout la signification de la foi, mais plutôt montre le lien fort et l'affinité entre la foi et le baptême, un fait qui a été démontré dans notre discussion de Marc 16.16.

Cette affinité entre la foi et le baptême est soulignée encore plus par le fait qu'une déclaration si forte affirmant le salut qui vient à travers le baptême apparaît dans un contexte où le système de loi (le salut par les œuvres) est contrasté avec le système de grâce (le salut par la foi dans les promesses de Dieu). Dans le livre de Galates en tout, et dans le chapitre 3 surtout, Paul attaque l'idée qu'un pécheur puisse être sauvé par la loi – surtout la Loi de Moise, et surtout l'œuvre de circoncision[4]. Mais dans ce contexte où le salut par nos efforts est condamné, le salut (spécifiquement, l'union avec Christ) par le baptême est affirmé. Cela montre que le baptême ne doit pas être considéré comme une œuvre, c'est-a-dire, un acte d'obéissance fait simplement parce que Dieu qui donne la loi l'a commandé. C'est plutôt une partie essentielle du système de grâce lui-même. C'est-à-dire, le baptême lui-même est une œuvre de grâce divine dans laquelle le côté humain a le caractère de la foi plutôt que d'œuvre.

Un point final concernant le baptême est la relation entre le baptême et la circoncision. Le baptême est généralement vu comme le successeur dans le Nouveau Testament de la circoncision dans l'Ancien Testament ; il est vu d'avoir la même relation fondamentale à la nouvelle alliance que la circoncision l'avait dans l'ancienne alliance. Un moment de réflexion, alors, sur la façon dont la circoncision est traitée ici dans Galates contre la façon dont le baptême est vu, devrait dissiper la notion qu'ils ont assimilée. La circoncision est rejetée non parce qu'elle a été remplacée par le baptême[5] mais parce qu'*aucune* œuvre humaine d'obéissance simple peut être la condition préalable pour recevoir la grâce. La circoncision est une telle œuvre et ainsi est exclue des conditions de recevoir la grâce, et elle est exclue dans les termes les plus sévères. Le baptême, de l'autre côté, est lié à la foi et est discuté assez naturellement en tant que ce qui nous amène à l'union avec Christ et ainsi à l'état d'être fils et héritiers. Un contraste plus prononcé que celui-ci est difficile à imaginer ; cette discontinuité entre la circoncision et le baptême est tout à fait complète[6].

Sommaire

Dans cette considération de Galates 3.26-27 nous avons discuté tout d'abord le contexte général, qui concerne la question qui devrait hériter de la bénédiction d'Abraham. Qui sont les fils et les héritiers d'Abraham ? En réalité il y a seulement un vrai fils, Jésus-Christ. Mais la bonne nouvelle est que quiconque est *en Christ* est aussi compté comme fils et ainsi héritier des promesses de l'évangile.

Nous avons aussi discuté la définition de la phrase « revêtir Christ. » Dans certains contextes elle fait référence à imiter Christ dans une vie sainte, à savoir, la sanctification. Une autre perspective est qu'elle fait référence à être couvert avec le sang de Jésus en tant que « robe de justice, » ou de justification. Dans Galates 3.27, toutefois, il semble avoir la signification la plus générale de l'union avec Christ en tant que tel. Avoir revêtu Christ veut dire être uni avec Lui et être traité comme Lui, à savoir, en tant que fils et héritier.

Finalement, nous avons discuté la manière dont le baptême et la foi sont liés à la condition d'être fils. Ils sont spécifiés ici comme deux conditions fondamentales pour que l'on s'unisse avec Christ et par conséquent, être fils et héritier avec lui. Le baptême lui-même est le moment où nous sommes unis avec Christ ou l'avons revêtu. L'union avec Christ suit logiquement le baptême en tant que condition préalable et non l'inverse, comme beaucoup le croient. De plus, devenir fils de Dieu à travers la foi (3.26) suit logiquement être uni avec Christ dans le baptême (3.27). Ce qui se passe *à travers la foi* ne se passe pas *jusqu'au baptême*. Le baptême est embrassé avec la foi dans le système de grâce, et ce n'est pas une œuvre de la loi comme la circoncision. La façon différente dans laquelle le baptême et la circoncision sont traités dans Galates montre que le baptême ne peut pas être l'équivalent de la circoncision dans le Nouveau Testament.

GALATES 3.26-27 <•> *Chapitre Neuf*

NOTES

1. Dans ce chapitre, les références des versets où les livres de la Bible ne sont pas nommés font référence à Galates 3 et 4.
2. Dans ce contexte il ne semble pas y avoir de différence entre un « fils d'Abraham » (3.7) et un « fils de Dieu » (3.26).
3. C'est la seule idée qui souligne les trois contrastes dans le passage controversé, Galates 3.28. Selon la loi juive, *seulement les males juifs affranchis* pouvaient hériter de la propriété. Les grecs ni païens ne pouvaient être héritiers, ni esclaves ni femmes (dans la plupart des circonstances). La seule chose en jeu ici est qui peut hériter de la bénédiction d'Abraham.
4. Pour plus sur les contrastes entre la loi et la grâce (et par conséquent les œuvres et la foi) dans Galates, voir 2.16, 21 ; 3.2, 5 ; 5.4. Pour plus sur la futilité de chercher le salut en obéissant à la loi, voir 3.10-13 ; 4.21 et suivant. Pour plus sur la condamnation de la circoncision en tant que nécessité pour le salut, voir 2.2-5 ; 5.2-3, 11 ; 6.12-15.
5. Si la circoncision *avait été* remplacée par le baptême, cela aurait été le contexte logique de le rendre claire. Cela aurait été l'argument le plus féroce contre les juifs qui voulaient que la circoncision fasse partie de l'évangile. Mais il y en a un silence total dans Galates sur un tel lien. Il *n'y* a aucun lien.
6. La relation entre le baptême et la circoncision sera discuté plus dans notre discussion de Colossiens 2.12. Voir ci-dessous.

10
EPHÉSIENS 5.25-27

Une autre référence de baptême dans les épitres de Paul est Ephésiens 5.26 où il fait référence à « afin de la sanctifier par la parole, après l'avoir purifiée par le baptême d'eau. » Cette phrase est au milieu d'une déclaration plus longue sur la relation entre Christ et son église. La déclaration complète est la suivante (5.25-27) :

> Maris, aimez vos femmes, comme Christ a aimé l'Eglise, et s'est livré lui-même pour elle, afin de la sanctifier par la parole, après l'avoir purifiée par le baptême d'eau, afin de faire paraître devant lui cette Eglise glorieuse, sans tache, ni ride, ni rien de semblable, mais sainte et irrépréhensible.

Ce passage parle principalement de ce que Christ a fait pour débarrasser l'église du péché, et cela montre que le baptême a un rôle central à jouer dans ce processus,

Une église sanctifiée

Le résultat du travail de Christ est qu'il pourrait avoir pour lui-même une église sanctifiée. Le point est fait au milieu d'une discussion idéale de la relation entre un mari et sa femme. L'exhortation principale pour la femme est qu'elle devrait être soumise à l'autorité du mari (5.22-24). Du point de vue du mari, la chose la plus importante qu'il puisse faire est aimer sa femme (5.25, 28-29).

Le modèle pour le mari et la femme est la relation entre Christ et son église, son autorité là-dessus et son amour pour elle. Ce dernier est ce qui est en question ici. Les maris devraient aimer leurs femmes comme Christ a aimé l'église. Comment l'a-t-il aimée ? Il l'a tellement aimée qu'il a fait le plus grand sacrifice que l'amour puisse faire (Jean 15.13) : Il « s'est sacrifié pour elle » (5.25). C'est une référence à la mort de Christ qui nous sauve, dans lequel il a pris notre place

EPHÉSIENS 5.25-27 < • > *Chapitre Dix*

et a souffert la colère de Dieu que nous avons méritée. Il fait référence à la croix sur laquelle Christ par amour s'est sacrifié en tant que sacrifice expiatoire, en prenant nos péchés et leur pénalité sur lui-même.

Quel était le but de Christ « en se sacrifiant » de cette façon ? La réponse est déclarée de deux façons. D'abord, il s'est sacrifié pour l'église « afin de la sanctifier » (5.26). Deuxièmement, il s'est sacrifié « afin de faire paraître devant lui cette église glorieuse, sans tache, ni ride, ni rien de semblable, mais sainte et irrépréhensible. » (5.27). C'est possible qu'il y a deux façons de dire la même chose, la deuxième étant une élaboration de la première. Ou c'est possible que la première de ces façons, « afin de la sanctifier, » fasse référence à *l'acte* de sanctification de Christ, pendant que la deuxième fait référence au *résultat* de cet acte, qui est *l'état* de la sanctification. La première serait la cause, et la dernière l'effet. Christ s'est livré afin de sanctifier l'église, avec l'intention de sa complète pureté et sainteté comme épouse et femme. Le verset 27 fait allusion à l'image visuelle d'une « épouse ornée pour son mari » (Apocalypse 21.2) dans une robe de mariage si glorieuse et parfaite qu'il n'y a « pas de tache ni de ride. » L'image visuelle est une analogie ou une figure de l'objectif de Christ pour son église, afin qu'elle soit debout devant lui dans une parfaite pureté *morale*, « sainte et irrépréhensible. » En d'autres termes, il désire une église *sanctifiée*.

Qu'est-ce que la sanctification précisément? Les verbes bibliques pour ce concept veulent dire au fond « couper, séparer, mettre à part. » Le mot *saint* et les mots similaires sont des synonymes pour *sanctifier* en d'autres termes. Les suivantes sont des traductions semblables : verbes, « sanctifier » et « rendre saint » ; noms, « sainteté » et « sanctification » ; plus de noms, « le saint », « le sanctifié », et « les saints » ; adjectifs, « saint » et « sanctifié. »

Le modèle fondamental pour parler de la sainteté humaine ou la sanctification est la sainteté de Dieu, qui est saint dans deux façons distinctes. D'abord, Dieu est saint au sens qu'il est séparé ou distinct de sa création ; Il est un être différent, non créé et est infini. En tant que créateur, il est mis à part de sa création ; il l'a transcende. On appelle cela sa sainteté ontologique. Deuxièmement, Dieu est saint dans le sens qu'il est séparé de tout péché. Il n'a pas péché et ne peut pas pécher ; Il est totalement opposé à tout péché de toutes les façons.

Chapitre Dix ❖ EPHÉSIENS 5.25-27

Il existe éternellement et immuablement dans une morale complète de pureté. On appelle cela sa moralité sainte.

Quant à l'être humain les termes *sainteté* et *sanctification* sont utilisés pour décrire un aspect de notre salut. Ils font référence à la deuxième partie de la « double cure, » notre délivrance de la présence et du pouvoir du péché dans nos vies. Tel qu'appliqué à notre salut ce concept semble avoir deux sens distincts, correspondant aux deux aspects de la sainteté divine.

D'abord, le chrétien est saint (a été sanctifié) au sens qu'il a été *mis à part* du monde comme il existe, à savoir, « le présent siècle mauvais » (Gal. 1.4) qui a été corrompu par le péché et qui est sous la malédiction de Dieu. Nous n'appartenons plus à l'ancienne création, mais nous faisons partie d'une nouvelle création (2 Cor. 5.17). Nous sommes physiquement *dans* le monde, mais nous ne sommes pas *du* monde (Jean 17.11-16). « Qui nous a délivrés de la puissance des ténèbres et nous a transportés dans le royaume du Fils de son amour » (Col. 1.13). Cela s'appelle la sanctification *initiale* parce que cela se produit au commencement de la vie chrétienne en tant qu'un seul acte complet. C'est à cela que le verbe aoriste dans 1 Corinthiens 6.11 fait référence, « vous avez été sanctifiés » un acte passé qui est complet.

L'acte de sanctification dans Éphésiens 5.26 doit inclure au moins cette sanctification initiale[1]. C'est un acte de Jésus-Christ – « afin qu'il la sanctifie. » C'est un but et un résultat direct de sa mort expiatrice ; il s'est livré *afin de* sanctifier l'église. Comme dit Hébreux 10.10, « C'est en vertu de cette volonté que nous sommes sanctifiés, par l'offrande du corps de Jésus-Christ, une fois pour toutes. » Hébreux 13.12 réaffirme ce point, disant que Jésus a souffert sur la croix « afin qu'il sanctifie le peuple par son propre sang » (voir Hébreux 10.29). Parce que nous avons été « baptisés en sa mort » (voir Rom. 6.3), son sang expiatoire couvre l'église et la met à part du monde. Ceux sur qui le sang de Christ a été appliqué ont par cela un statut unique comme « une nation sainte, un peuple pour la possession de Dieu » (1 Pie. 2.9). Ils sont déjà « saints » (les sanctifiés), non parce qu'ils sont parfaits mais parce qu'ils sont pardonnés par son sang.

EPHÉSIENS 5.25-27 <•> *Chapitre Dix*

Le deuxième sens dans lequel un chrétien est sanctifié (devenu saint) est qu'il est mis à part quant au péché lui-même. Le désir de faire des péchés est effacé du cœur ; les habitudes pécheresses sont vaincues ; les pensées et les œuvres pécheresses sont exclues de la vie quotidienne. Contrairement à la sanctification initiale, cela ne se passe pas dans un moment mais c'est un processus continuel durant la vie chrétienne. Ainsi on l'appelle la sanctification *progressive*. Cela veut dire devenir de plus et plus comme Dieu dans sa propre sainteté morale : « Mais, puisque celui qui vous a appelés est saint, vous aussi soyez saints dans toute votre conduite, selon qu'il est écrit: Vous serez saints, car je suis saint » (1 Pierre 1.15-16).

Cet aspect de la sanctification est rendu possible par la mort de Christ. Comme on l'a vu dans notre discussion de Romains 6.3-4, Christ est mort pour détruire le pouvoir du péché et le démolir à jamais. Quand nous sommes baptisés dans sa mort, nous ressentissions aussi une mort au péché qui, par notre union avec Christ dans sa résurrection, implante en nous la possibilité de vaincre le péché dans notre vie. Aussi, une fois que Jésus a complété son œuvre de la mort et de la résurrection, Jésus a gagné le droit d'envoyer le Saint-Esprit promis (Actes 2.33), dont la présence continuelle dans nos vies fournit le pouvoir continuel de surmonter le péché. C'est « l'œuvre sanctifiée de l'esprit » (1 Pierre 1.2).

Puisque les deux aspects de la sanctification sont basés sur la mort de Christ, il est probable qu'Éphésiens 5.26 inclue les deux comme le but pour lequel Christ « s'est livré. » Évidemment la fin du processus décrit dans le verset 27 est le but ultime de sanctification progressive. Certains prennent ce verset comme référence à notre *justification* par le sang de Christ, à savoir, être revêtu de la « robe de justice, » comme il est discuté en relation avec Galates 3.27. Il est vrai que c'est la seule *façon* que nous puissions être « saints et irréprochables » devant lui jusqu'à ce que le processus de sanctification soit complet. Mais même si c'est suffisant pour notre salut, Christ n'est pas satisfait avec cela seulement, et nous non plus. Il veut que nous soyons *vraiment* saints et irréprochables devant lui, séparés complètement du péché à tous égards. Même si cela ne se produira probablement jusqu'après notre mort et notre résurrection[2] et seulement là par un don spécial de Dieu, il *viendra* un temps quand nous serons libres du péché et complètement sanctifiés. Quand l'église en tant qu'épouse est finalement présentée à Christ au souper du mariage au ciel, et il lui sera « donné de se revêtir d'un fin lin, éclatant, pur. Car le fin lin, ce sont les œuvres justes des saints » (Apoc. 19.8).

Certainement, s'il est le désir de Christ en tant que tendre époux que son épouse soit aussi sainte et pure que possible, cela devrait être notre plus grand désir, aussi. Si nous aimons vraiment l'époux, nous devrions tout faire maintenant pour nous débarrasser de toute « tache ou ride. » S'il a donné sa propre vie pour nous amener ici, comment pouvons-nous donner moins que notre meilleur effort ?

Une église purifiée

Jusqu'ici nous nous sommes concentrés sur l'idée de la sanctification et nous avons ignoré la référence dans Ephésiens 5.26 à *la purification* de l'église de Christ. Christ s'est livré pour l'église, dit Paul, « afin de la sanctifier par la parole, *après l'avoir purifiée.* » Qu'est-ce que cela veut dire, et comment est-il lié à la sanctification ?

Le mot grec qui est traduit « purifié » veut dire « purifié de la saleté ou de toute impureté, purifié. » Ce mot et d'autres mots dans la même famille peuvent faire référence à la purification de saleté physique (Matt. 23.25-26), à l'impureté rituelle (Luc 2.22), et de l'infirmité (Marc 1.40-42). Mais ces mots peuvent et font souvent référence à la purification *spirituelle*. Parfois la référence est à la sanctification, la purification du vrai péché décrit dans la section précédente. C'est vrai dans des nombreux passages qui parlent de la « pureté du cœur, » par exemple, Matthieu 5.8 ; 1 Timothée 1.5. Voir aussi 2 Corinthiens 7.1, « Ayant donc de telles promesses, bien-aimés, purifions-nous de toute souillure de la chair et de l'esprit, en achevant notre sanctification dans la crainte de Dieu. » Certains croient que c'est cette définition dans Ephésiens 5.26, et que c'est le synonyme de sanctification.

Mais parfois quand ce groupe de mots fait référence à la purification spirituelle, il veut dire *justification*, ou purification de la *culpabilité* du péché. Cela semble être vrai spécialement dans les références du lavage avec le sang, où dans l'Ancien Testament le contexte de l'utilisation du sang par des sacrifices d'animaux dans un rituel cérémonial de purification était symbolique de pardon[3]. Les deux sont liés ensemble dans Hébreux 9.22, qui dit que selon la loi tout « est purifié avec du sang, et sans effusion de sang il n'y a pas de *pardon*. » (Voir Heb. 1.3). À mon avis c'est ce que cela veut dire dans Ephésiens 5.26. Ce n'est pas la même chose que la sanctification, mais c'est une condition préalable. Car Christ a déjà pardonné à son église, c'est-à-dire, il l'a purifiée de sa culpabilité. Il peut maintenant la sanctifier. Une église purifiée est ainsi libre pour être sanctifiée.[4]

La partie la plus importante de ce passage au point de vue de notre étude présente est ce que Paul dit à propos des *moyens* de la purification de l'église. Dans d'autres textes des éléments variés sont nommés comme indispensables pour la purification. Parmi eux, la foi (Actes 15.9), la parole (*logos*, Jean 15.3), et le sang de Christ (1 Jean 1.7). Sans doute le dernier, le sang de Christ, est celui qui fournit le pouvoir inhérent de la purification, la seule chose qui est appliquée directement à nos âmes pour effacer le péché. Mais ce fait ne rend ni la foi ni la parole superflue ; ils ont tous un rôle nécessaire à jouer pour l'application du sang sanctifiant (voir Rom.10.13-17). Mais qu'en est-il d'Ephésiens 5.26 ? Il dit que l'église est purifiée « par le baptême d'eau. » Quel que soit ce « lavage d'eau », cela joue un rôle nécessaire dans l'application du sang purificateur de Christ à la culpabilité de l'âme.

Qu'est-ce que le « lavage d'eau » ? Il n'y a aucune question qu'il fait référence au baptême. Le mot grec pour « laver » est *loutron*, qui peut signifier « laver » ou « se baigner ». C'est utilisé pour le baptême dans Tite 3.5. C'est un nom formé du verbe *louo*, qui est aussi utilisé ailleurs pour le baptême.[5] L'idée qu'il est utilisé ici métaphoriquement pour un bain purement spirituel est exclue par la référence d'eau ; c'est le « lavage d'eau ». Le seul « lavage d'eau » dans l'expérience chrétienne est le baptême. Il est remarquable que des articles définis soient utilisés avec « le lavage » et « l'eau », à savoir, « par *le* lavage *d'eau* », spécifiquement l'eau du baptême. Le fait que c'est « le lavage d'eau *avec la parole* » indique aussi au baptême, puisque « la parole » est un aspect important du baptême. En effet, le seul moment où l'eau et la parole sont combinées dans la foi chrétienne est dans le baptême.

Le mot grec pour « parole » est *rema* (prononcé RAY-ma), qui veut *dire* spécifiquement la parole *déclarée*. Cela pourrait faire référence à la confession de Christ qui est habituellement liée au baptême (voir Rom. 10.9-10), ou à « invoquant son nom » discuté dans Actes 22.16. Plus probablement il fait référence à la parole déclarée par Dieu plutôt que l'homme, plus précisément la Grande Commission (Matt. 28.19) où la parole de promesse comme déclarée dans des passages tels que Marc 16.16 (voir les études précédentes de ces textes).

Le Baptême et l'Église

De quelle importance est le baptême ? Ce passage montre qu'il est une partie du fondement de l'expérience du salut de l'église. Le verset 26 présente cette séquence de dépendance : la *sanctification* de l'église reste sa *purification* (ou justification), qui de sa part reste sur le *baptême*. La purification et la sanctification sont l'essence même du salut, et ils commencent dans le baptême.

C'est un lien fort entre le baptême et le salut de l'église. C'est possible si nous sommes fidèles au langage lui-même. L'opinion est généralement exprimée que le baptême démontre ou illustre ou représente visuellement la purification spirituelle attribué au baptême, mais il n'y a rien dans le texte qui suggère une simple connexion figurative seulement. Dans le texte le mot grec pour « lavage » est au cas datif et modifie « la purification ». Dans une telle expression le cas datif a une définition de ce qu'on appelle « le datif des moyens ». C'est-à-dire, il indique les *moyens* par lequel l'action descriptive se produit. Pour être plus précis, le texte dit que l'église est purifiée par *les moyens du baptême* comme liée à la parole. Ceux qui n'aiment pas cette façon de parler devraient se plaindre à l'apôtre Paul et le Saint-Esprit qui l'a inspiré.

Quelqu'un demandera sûrement, si nous sommes purifiés par le baptême, pourquoi ce besoin du sang de Christ ? Est-ce que le baptême prend d'une façon ou d'une autre la place du sang de Christ ? Qu'il n'en soit jamais ainsi ! Comme nous avons dit dans la section précédente, la seule chose qui peut purifier littéralement et directement le cœur d'un pécheur est le sang de Jésus-Christ. L'eau du baptême ne touche et ne lave l'âme dans aucun cas ; que personne ne nous accuse d'affirmer une impossibilité métaphysique. Cependant nous devons faire justice à ce que Paul dit ici dans Éphésiens 5.26, que nous sommes purifiés par le baptême. Ce que cela veut dire est que Dieu a tellement uni l'acte divin de purification de l'âme à travers le sang de Christ avec le « lavage de l'eau » (baptême) que le dernier est mentionné *comme si c'était* les vrais moyens eux-mêmes. Au moins nous dirons que le baptême est le moyen de la purification spirituelle au sens qu'il *est le moment divinement prévu* durant lequel la purification se produit. Cette union d'eau et de sang comme des purifications intérieure et extérieure simultanées sont affirmées dans Hébreux 10.22, qui dit que nous avons eu « les cœurs purifiés d'une mauvaise conscience, et le corps lavé d'une eau pure » (la conscience est lavée par le sang de Christ – Hébreux 9.14).

Qu'est-ce qui unit le sang de Christ et l'eau du baptême dans un seul évènement d'une telle grâce et puissance ? Pas moins que *la parole de Dieu*. Le lavage d'eau par lequel nous sommes purifiés n'est pas une eau *ordinaire*, mais l'eau du baptême, qui est rendue efficace seulement par la précieuse parole de Dieu, la parole déclarée des promesses de Dieu qui finalement demeurent dans le sang de Christ qui a coulé. Pourquoi le baptême aurait-il un tel pouvoir ? En lui-même il ne l'a pas ; le pouvoir vient seulement à travers la rencontre avec Dieu. Il l'a déclaré ainsi, et sa parole est suffisante ! Au cours de notre baptême notre foi pénètre par-dessus et au-delà de l'eau afin de saisir le sang purificateur de Christ. Mais qu'est-ce qui l'amène au-delà de l'eau ? La parole de la promesse ! Parmi tous les éléments tangibles du baptême, c'est le seul qui a un pouvoir inhérent ; c'est en cela que la foi s'enveloppe au cours du baptême afin de saisir le sang lui-même. Dans le baptême d'eau on trouve la parole de la promesse, et dans la parole de la promesse on trouve le sang de Christ. Ce que Dieu a uni, que l'homme ne le sépare pas[6].

On devrait noter que toutes les actions de salut dans ce passage sont les actions de Christ et non d'un agent humain. Christ a aimé l'église ; il s'est sacrifié pour l'église ; Christ a sanctifié l'église ; Christ a purifié l'église ; Christ a présenté l'église à Lui-même en sainteté glorieuse. N'importe quelle activité de salut qui s'est produite dans le baptême n'est pas l'œuvre du baptisant ni du baptisé, mais l'œuvre de Christ lui-même. Comme un mari tendre il fait ce qui est nécessaire pour que son épouse, l'église, soit pure et entière. S'il le considère approprié de faire une partie de cette œuvre à travers le baptême, c'est sa prérogative en tant que Tête de l'église et Seigneur du salut lui-même. En tant qu'épouse soumise notre seul choix est

Chapitre Dix <•> **EPHÉSIENS 5.25-27**

d'obéir au chef et de le laisser travailler dans son œuvre de salut selon sa volonté.

On ne peut pas oublier que ce que Christ a fait pour nous dans le baptême a nécessité son sacrifice précédent sur la croix. Il s'est d'abord sacrifié pour l'église (5.25) pour rendre possible la sanctification et la purification dans le baptême d'eau (5.26). En vue de cela, nous devons constamment nous demander, qu'est-ce que nous sommes prêts à faire actuellement pour nous purifier de nos péchés quotidiens ?

Sommaire

Dans cette étude d'Ephésiens 5.25-27 nous avons vu premièrement comment Christ a *sanctifié* et continue de sanctifier son église. Cela inclut une sanctification *initiale*, dans lequel des pécheurs sont appelés du monde et mis à part dans une nouvelle création au moment de la conversion. Cela inclut aussi la sanctification *progressive*, dans laquelle les chrétiens continuent d'éradiquer les péchés de leur vie et deviennent de plus en plus saints. Le but de Christ pour une telle sanctification est qu'il puisse avoir une épouse pure et sainte.

Nous avons aussi vu que cette sanctification présuppose que Christ a *purifié* l'église. Même si certains rendent cela égal à la sanctification elle-même, il fait plutôt référence à la manière dont Christ nous a justifiés et nous a pardonnés à travers son sang. Bien que son sang soit le vrai et réel moyen de cette purification, le verset 26 dit que nous sommes purifiés *par le baptême d'eau*, qui est le baptême. Lié à ce lavage est la parole déclarée de Dieu, Sa parole de promesse.

Enfin, nous avons vu en quelques détails comment ce passage lie de très près le baptême avec notre salut d'une façon fondamentale. Notre sanctification demeure sur notre purification, et cette purification sur le baptême d'eau, à savoir, le baptême. Bien que ce soit seulement le sang de Christ qui purifie l'âme, il a été tellement uni avec le baptême par la parole de Dieu que le baptême lui-même peut être mentionné comme s'il était le moyen de la purification. C'est ainsi dans le sens qu'au *moment* divinement fixé, le pécheur est purifié par le sang.

EPHÉSIENS 5.25-27 <•> *Chapitre Dix*

NOTES

1. Le verbe dans Ephésiens 5.26, « Afin qu'il puisse la sanctifier, » est aoriste, qui fait croire à certains qu'il fait référence à une sanctification initiale *seulement*. Néanmoins la manière de parler dans ce verset n'exige pas ce genre de limitation.
2. Les groupes d'églises dans la tradition de Wesley embrasse habituellement la doctrine que la sanctification complète est possible et devrait être recherchée dans cette vie.
3. Voir la discussion de la cérémonie du lavage dans l'Ancien Testament dans la discussion d'Actes 2.38 au-dessus.
4. Le fait que la « purification » est un participe aoriste modifiant la « sanctification » peut supporter ce point. Habituellement un participe *présent* est utilisé pour une action qui s'est produite au même moment que le verbe, pendant qu'un participe *aoriste* tient une action qui s'est produite avant le verbe principal. Si cette règle s'applique ici, et je pense que oui, alors la purification se produit avant la sanctification et est une action séparée. La priorité peut être plus logique que chronologique, néanmoins, sans aucun temps de séparation. (Certains croient qu'un participe aoriste ne doit pas faire référence à une action précédant le verbe principal mais peut décrire une action simultanée à celle du verbe principal.)
5. Voir la discussion du « lavage du péché » dans l'étude d'Actes 22.16 au-dessus. Voir l'article complet par Oepke sur *louo*, cité au-dessus dans le chapitre 7, la note numéro 3. Avec l'exception de quelques utilisations clairement séculières, dit Oepke, « les autres sont liés à être libéré du péché, et spécialement du baptême » (p. 302). Cela inclut Eph. 5.26.
6. Oepke (dans l'œuvre cité dans la note ci-dessus) dit cela : « Cette purification a lieu à travers le lavage spécifié (double art.) par les moyens de la parole. Cette parole est celle qui est prononcée au moment du baptême. Cette parole apporte la parole de proclamation précédente à son but. Elle ne devrait pas être pervertie dans la magie ni dissous dans un symbolisme simple. Elle fait référence à Dieu et à Christ, où elle dérive son efficacité.

11
Colossiens 2.11-13

À mon avis de bons arguments peuvent être présentés que Colossiens 2.11-13 est le plus important des passages dans le Nouveau Testament sur le baptême. Il dit ainsi :

> Et c'est en lui que vous avez été circoncis d'une circoncision que la main n'a pas faite, mais de la circoncision de Christ, qui consiste dans le dépouillement du corps de la chair: ayant été ensevelis avec lui par le baptême, vous êtes aussi ressuscités en lui et avec lui, par la foi en la puissance de Dieu, qui l'a ressuscité des morts, Vous qui étiez morts par vos offenses et par l'incirconcision de votre chair, il vous a rendus à la vie avec lui, en nous faisant grâce pour toutes nos offenses.

Une raison pour laquelle ce passage est tellement important est qu'il identifie explicitement le baptême comme le moment spécifique où un pécheur est enseveli avec Christ et ressuscité avec lui. Une autre raison est qu'il énonce explicitement les rôles distinctifs de la foi et du baptême dans la réception du salut. En plus il indique clairement que dans la mesure où le baptême est une œuvre, c'est une œuvre de Dieu. En plus il nous donne le seul enseignement dans le Nouveau Testament sur comment on doit lier le baptême à la circoncision. Enfin, il ajoute et complète l'enseignement sur le salut trouvé dans le passage parallèle, Ephésiens 2.1-10[1]. Ces points seront discutés en détail dans la suite.

Enterré dans le Baptême

Dans plusieurs façons le contenu de ce passage résonne celui de Romains 6.3-6. Le concept parallèle le plus explicite est le concept d'être enterré avec Christ par le baptême. Romains 6.4 dit que « Nous avons donc été ensevelis avec lui par le baptême en sa mort » ; Colossiens 2.12 dit aussi « ayant été ensevelis avec lui par le bap-

COLOSSIENS 2.11-13 <•> *Chapitre Onze*

tême. » La formulation est identique sauf que Romains utilise la préposition *par (dia)* alors que Colossiens utilise *par ou dans (en)*. D'autres passages parallèles sont assez évidents mais pas si explicites.

Ainsi Colossiens, comme Romains, affirme que le baptême est un *enterrement avec Christ*. À cause de la similarité avec Romains on peut facilement déduire que cela veut dire que le baptême est un enterrement avec Christ *dans sa mort*. Qu'elle est son importance ? Quel en est le résultat ? Nous pourrions conclure qu'il résulte dans le pardon des péchés, puisque l'ensevelissement dans la mort de Christ nous amènerait en contact avec le sang justificateur de Jésus. Le verset 13 lie spécifiquement le pardon à cet évènement quand il fait référence au moment où Dieu « nous fait grâce pour toutes nos offenses. » Cette compréhension du baptême au moment du pardon est d'accord certainement avec des passages tels qu'Actes 2.38 et Actes 22.16.

Mais comme dans le cas de Romains, l'accentuation principale ici semble se trouver sur la régénération ou la nouvelle naissance au lieu du pardon comme tel. Ici encore l'idée d'ensevelissement implique une mort qui l'accompagne, à savoir, notre propre mort au péché qui précède notre résurrection à la nouvelle vie. Cette mort *au péché* n'est pas la même qu'être mort *dans* le péché, un concept mentionné dans le verset 13 et discuté dans la section « Ressuscités dans le Baptême » ci-dessous. Plutôt, ce que Romains 6 appelle la mort *au péché* (6.11) est décrit dans le passage de Colossiens sous la forme de circoncision (2.11).

Le verset 11 dit que nous avons été circoncis dans un sens non-physique (sans l'usage des mains), c'est-à-dire, nous avons vécu une circoncision *spirituelle*. Cela s'appelle « une extirpation du corps de la chair. » C'est similaire à la circoncision physique, qui est un enlèvement d'une partie du corps physique. Mais dans la circoncision spirituelle « le corps de chair » fait référence à notre ancienne vie ou notre ancienne nature pécheresse, non pas le corps physique ou une partie dans un tel cas. Dans le baptême notre ancien aspect du péché est circoncis ; il meurt et il est sans vie.

Ici demeure l'identification avec Romains 6, où mourir avec Christ signifie « sachant que notre vieil homme a été crucifié avec lui, afin que le corps du péché fût détruit » (6.6). L' « ancien » (litté-

Chapitre Onze <•> **COLOSSIENS 2.11-13**

ralement, « le vieil homme ») et le « corps du péché » dans Romains sont les mêmes que « le corps de la chair » dans Colossiens. Dans le baptême, par le pouvoir de la mort de Christ avec qui nous sommes ainsi unis, le vieil homme est mis à mort et débarrassé (enlevé) dans un acte spirituel analogue à la circoncision physique, puis laissé enseveli dans l'eau du baptême. (Voir aussi Colossiens 2.13, qui fait référence à la condition du pécheur comme une condition d'être « incirconci de la chair. »[2]).

Quand Colossiens 2.12 dit que cela a lieu dans « le baptême », il affirme que le Nouveau Testament entier assume et enseigne que le baptême est un acte de salut. Il ne dit pas que cela se passe « avant le baptême » ou « après le baptême », mais spécifiquement et clairement *dans le baptême*. Cela montre que nous devrions au moins dire que le baptême est le moment ou l'occasion où Dieu confère le salut au pécheur. Le fait que « d'avoir été ensevelis » est un participe aoriste montre que cet acte (de baptême) *précède* ou est au moins simultané avec l'acte spirituel de circoncision dans le verset 11.

Même si on accorde une grande valeur au baptême dans le plan du salut, nous devons souligner qu'il ne prend pas la place de Christ ni de son sang qui sauve. En fait, le point principal de ce passage, comme tous les autres enseignements bibliques sur le baptême, est sur Jésus-Christ. Le baptême produit la circoncision spirituelle seulement parce que c'est à travers lui que nous sommes ensevelis *avec Christ*. C'est quand même son pouvoir, celui de la mort, qui accomplit cette œuvre. Effectivement, le verset 11 l'appelle « la circoncision de Christ ». Cela veut dire que c'est une circoncision accomplie *par* Christ et son pouvoir divin, non pas une circoncision accomplie *sur* Christ, comme certains veulent l'interpréter. Plus précisément, c'est quelque chose *qu'il* fait en nous et pour nous, non pas quelque chose que nous faisons pour nous-mêmes.

On peut noter brièvement ici, comme avec Romains 6, que la description de l'action du baptême en tant qu'*ensevelissement* renforce simplement le fait que le baptême est une immersion. Même s'il est correct de souligner cela dans Colossiens 2.12, toutefois, nous devons nous rappeler que ce n'est pas le point principal de parler du baptême en tant qu'ensevelissement. Le point principal est que le baptême est un ensevelissement *spirituel* dans l'union avec Christ, par la vertu duquel notre « vieil homme » a reçu un coup mortel et est laissé derrière comme dans une tombe quand nous sommes ressuscités avec Christ dans une nouvelle vie. La même chose s'applique au baptême comme résurrection spirituelle. Nous ne devons pas être si pressé de montrer l'immersion dans ce texte que nous négligeons le niveau d'activité divine profonde qui se déroule dans nos âmes même quand nos corps sont immergés dans l'eau et en sont sortis.

Ressuscité par le Baptême

Cette référence au baptême en tant que résurrection spirituelle conduit à notre prochain point, à savoir, que Colossiens 2.12 affirme que le baptême est le moment où nous sommes « ressuscités avec lui. » Celui-là aussi résonne Romains 6, où l'union avec Christ inclut la participation dans le pouvoir de résurrection. Voir aussi Ephésiens 2.5-6 et Colossiens 3.1, qui ont le même langage. En accord avec la signification de Romains 6, cela veut dire qu'un nouvel être, une nouvelle création est ressuscitée de la tombe d'eau du baptême, pour prendre la place du vieil homme qui est mort dans le baptême. Ainsi le baptême est la mort et la résurrection.

Cependant ici dans Colossiens, « ressuscités dans le baptême » a une implication qui n'est pas explicite dans Romains 6. Il y a un autre sens dans lequel le baptême est une résurrection de la mort, parce qu'il y a un autre sens dans lequel nous sommes morts. C'est-à-dire, il y a un autre type de mort duquel nous sommes ressuscités dans le baptême. Ces deux morts doivent être clairement distingués.

La première est celle dont nous avons parlé dans la section ci-dessus, à savoir, la mort *au* péché. De cette perspective le vieil homme pécheur est en vie et est bien en contrôle jusqu'au baptême, où il est mis à mort (ou circoncis) et enterré. Ensuite un nouvel être est élevé pour prendre sa place. La deuxième est la mort *dans* le péché. De cette perspective le pécheur est déjà mort ; il a existé dans un état de mort spirituelle depuis le moment où il est devenu pécheur. C'est à cela que Colossiens 2.13 fait référence quand il dit « vous qui étiez morts par vos offenses. » Comme Ephésiens 2.1 dit « vous étiez morts par vos offenses et par vos péchés » (voir 2.5).

Chapitre Onze <•> COLOSSIENS 2.11-13

Être mort dans le péché n'est pas seulement être sous la *pénalité* de la mort, mais plutôt un *état* actuel ou condition de mort. L'âme elle-même est morte et est infestée spirituellement par des formes méchantes de pensées, d'envies, de jalousies, de convoitise, de haine et d'autres péchés. La volonté du pécheur est trop faible pour surmonter le pouvoir du péché et la tentation pour elle-même. Son cœur est endurci contre Dieu et aveuglé de sa vérité. Il est pris dans « l'impuissante faiblesse du péché » ce qui le rend impuissant pour plaire à Dieu (Rom. 8.7-8)[3]. C'est dans ce sens qu'une personne est déjà morte quand il entre dans l'eau du baptême.

Comme partie de l'offre de l'évangile, Dieu promet de ressusciter le pécheur de l'état de sa mort spirituelle. (C'est la deuxième moitié de la « double cure » encore.) Il promet de faire cela dans le baptême chrétien, spécialement à travers le don du Saint-Esprit, dont le travail spécial est de « donner la vie » (voir Jean 6.63 ; 2 Cor. 3.6). Cet aspect du baptême est la même que la nouvelle naissance ou régénération, mais dans ce contexte il est décrit dans des termes les plus puissants, *la résurrection de la mort*. Deux termes différents sont utilisés afin de renforcer la nature dramatique de cet acte : vous avez été « *ressuscités avec lui* » (Col. 2.12), et « il *vous a rendus à la vie* avec lui » (Col. 2.13). Le passage parallèle dans Éphésiens 2.5-6 dit la même chose : « nous qui étions morts par nos offenses, » Dieu « nous a rendus à la vie avec Christ…. il nous a ressuscités ensemble. » En vérité notre Rédempteur est un Dieu « qui donne la vie aux morts » (Rom. 4.17).

En tant que Chrétiens nous devons réaliser qu'autrefois nous étions morts dans le péché, mais on a vécu une expérience littérale, quoique spirituelle, une résurrection de la mort. Dieu peut dire de nous comme du fils prodigue, « Car mon fils que voici était mort, il est revenu à la vie » (Luc 15.24). Nous sommes « passés de la mort à la vie » (Jean 5.24). Comment pouvons-nous douter que c'est la chose la plus importante qui nous est *jamais* arrivée ? Quand est-ce que Paul dit que cela s'est produit ? *Dans le baptême !* « Ayant été ensevelis avec lui dans le baptême, *vous êtes* aussi ressuscités avec lui » (Col. 2.12). Cette expression « dans lequel » (grec, *en ho*) suit le texte immédiatement après « dans le baptême » (*en to baptismati*), en tant que le pronom relatif du même genre fait référence au baptême[4].

COLOSSIENS 2.11-13 < • > *Chapitre Onze*

Ainsi encore nous voyons que Colossiens 2.12 est probablement le plus clair et le plus spécifique témoignage du Nouveau Testament au fait que l'application de l'œuvre de Christ au pécheur se produit dans le *baptême*.

Nous sommes « ressuscités avec lui » dans le *baptême*. Le baptême est le moment où les bénéfices de la propre mort, l'enterrement et la résurrection de Christ s'appliquent à nous.

La foi dans l'œuvre de Dieu

Un autre point très important dans Colossiens 2.12 est la relation entre le baptême et la foi dans le plan de Dieu pour le salut. Nous sommes ensevelis et ressuscités avec Christ dans le *baptême* comme temps et lieu, mais *à travers la foi* comme moyen. Le rôle de la foi n'est pas nié par la désignation du baptême comme le moment de salut, il n'y a aucun conflit entre les deux. Par contre, ils se complètent parfaitement. (Voir la discussion de ce point dans les chapitres précédents sur Marc 16.16 et Galates 3.26-27.)

Quand Paul dit que nous sommes ensevelis et ressuscités avec Lui *à travers la foi*, cela montre que faire le baptême machinalement n'est pas un vrai baptême *à moins que* celui qui est baptisé ait la foi dans son cœur. Il n'y a pas de pouvoir magique dans l'eau ni dans l'acte lui-même. Le baptême sans la foi est un trempage vain dans l'eau. Aucun ensevelissement en Christ n'accompagne l'ensevelissement dans l'eau ; aucune résurrection avec Christ n'accompagne l'élévation hors de l'eau. Sans la foi l'état spirituel de la personne après le baptême n'est pas différent qu'avant.

Cela a deux implications importantes. Tout d'abord, la doctrine du baptême dans le Nouveau Testament comme expliquée ici ne devrait pas être confuse avec la « régénération du baptême » dans le sens classique du terme. Strictement parlant l'idée de la régénération du baptême enseignée par certains groupes d'église (spécialement le Catholicisme traditionnel et l'Anglicanisme) signifie que la bonne application du baptême produit automatiquement la régénération même dans l'absence de la foi dans la partie recevante[5]. Cela serait vrai surtout dans les cas de baptême des bébés comme enseigné par ces groupes. Mais une telle « régénération du baptême » n'est *pas* la

Chapitre Onze < • > **COLOSSIENS 2.11-13**

même que l'enseignement biblique de la régénération qui se produit *durant* le baptême *mais seulement quand la foi est aussi présente*. C'est vraiment trompeur et préjudiciable de qualifier le dernier comme la « régénération du baptême, » spécialement quand ce terme à plusieurs connotations négatives parmi les Protestants d'aujourd'hui.

La deuxième implication de la façon que la foi et le baptême sont liés dans Colossiens 2.12 est que le baptême des bébés est exclus en tant que vrai baptême. C'est ainsi pour d'autres raisons, mais ici il est clair que seulement les pécheurs qui sont capables d'exercer la vraie foi en Christ sont des sujets propres pour le baptême. Puisque les bébés ne peuvent pas croire, il est inutile d'essayer de les baptiser[6].

Colossiens 2 :12 n'enseigne pas seulement la nécessité de la foi pour un baptême valide mais décrit aussi ce que devrait signifier le but spécifique de cette foi. Il doit être une « foi dans la puissance de Dieu, qui l'a ressuscité des morts. » Le mot grec pour « puissance » est *energeia*, qui veut dire pas seulement un pouvoir latent mais aussi vraie activité et un travail actif. On doit avoir la foi dans « la puissance de Dieu, » à savoir, dans la réalité des œuvres ou du travail que Dieu a fait et promet de faire pour notre rédemption.

Cela veut dire tout d'abord que nous devons croire en ce que Dieu a déjà fait pour nous à travers Jésus-Christ dans sa mort et résurrection. On doit croire que la croix était une puissante œuvre de Dieu dans laquelle il prenait le péché du monde à travers la mort substitutionnelle de son Fils. On doit aussi croire que Dieu a ressuscité Jésus de la mort pour vaincre ses ennemis et pour sécuriser la vie éternelle pour nous. Cette dernière œuvre est spécialement mentionnée dans Colossiens 2.12. On doit croire dans l'œuvre de Dieu, *qui l'a ressuscité (Jésus) de la mort.* (Voir Rom.10.9).

« La foi dans la puissance de Dieu » signifie aussi que dans le baptême on doit croire ce que Dieu promet de faire pour nous dans sa parole *au moment du baptême lui-même*. L'œuvre du baptême est vraiment celle de Dieu. Dans le baptême, il a promis de pardonner nos péchés (Actes 2.38 ; 22.16) et de nous donner le don du Saint-Esprit (Actes 2.38-39). Dans le baptême il a promis de tuer notre nature pécheresse, de l'enlever dans une circoncision spirituelle – une circoncision réalisée par Christ lui-même (Col. 2.11). Dans le baptême il a

115

promis de nous ressusciter des morts, de nous faire vivre encore, de nous donner une nouvelle vie (Col. 2.12).

Ce sont des grandes et merveilleuses promesses ; mais si nous les croyons – si nous croyons vraiment que Dieu réalisera ces œuvres puissantes sur nous dans le baptême, alors nous pouvons être rassurés qu'il les fera. Pour ceux qui ont déjà été baptisés, on peut être rassuré qu'il les a déjà faits. Si nous croyons que Dieu a ressuscité Jésus de la mort, nous pouvons être sûrs qu'il nous ressuscite de la mort quand nous le rencontrons dans l'eau du baptême. C'est pourquoi la dernière partie du verset 12 est là, à savoir, pour nous rappeler que le Dieu qui a promis de nous ressusciter de la mort dans le baptême a déjà démontré sa volonté et son pouvoir de le faire en ressuscitant son propre fils de la mort.

C'est une grande vérité biblique (une vérité que tristement beaucoup ont oublié), à savoir, que le baptême, à son cœur, est « la puissance de Dieu. » Les seules choses que nous contribuons dans le baptême sont la *foi* dans la puissance, et la *prière* (invoquer son nom) pour qu'il puisse travailler son œuvre de salut selon ses promesses. (Voir encore le chapitre Actes 22.16).

Le Baptême et la Circoncision

Un point final qui attire notre attention dans Colossiens 2.11-13 est la relation entre le baptême et la circoncision. Pour diverses raisons beaucoup de chrétiens croient que le baptême est le remplacement dans le Nouveau Testament pour la circoncision dans l'Ancien Testament. Pour certains c'est une croyance accessoire, mais pour d'autres c'est un facteur déterminant dans toute leur doctrine du baptême. Cette doctrine est utilisée non seulement pour prouver la validité du baptême des bébés, mais aussi pour définir la signification du baptême même. C'est-à-dire, si le baptême remplace simplement la circoncision, alors il doit avoir la même signification pour nous aujourd'hui que la circoncision avait pour les croyants de l'Ancien Testament. Puisque la circoncision est habituellement interprétée en tant que signe d'appartenance dans l'alliance du peuple de Dieu, c'est aussi la signification attribuée au baptême. En ignorant virtuellement tout ce que dit le Nouveau Testament sur le baptême en tant qu'œuvre de Dieu pour le salut, et en assumant cette relation

Chapitre Onze <•> COLOSSIENS 2.11-13

avec la circoncision, beaucoup de Protestants interprètent le baptême en tant que seulement un signe extérieur qui marque quelqu'un comme membre de l'église.

Il est impossible de surestimer l'impact de cette assimilation de la circoncision que le baptême a sur la doctrine du baptême dans l'ère moderne.

L'un des points les plus frappants en connexion avec ce problème est le fait qu'hors de Colossiens 2.11-13, *aucun* passage biblique ne lie le baptême et la circoncision *d'aucune façon*. Avec cette unique exception, l'assimilation alléguée des deux est complètement déductive. Mais qu'en est-il de ce passage de Colossiens lui-même ? Un passage n'est-il pas suffisant pour établir une vraie doctrine ? Cela se pourrait, si ce passage enseignait en effet cette vérité. En effet, c'est de cette façon que Colossiens 2.11-13 est souvent cité, à savoir, affirmant une signification continuelle entre la circoncision dans l'Ancien Testament et le baptême dans le Nouveau Testament. Mais est-ce qu'il l'enseigne vraiment ? Je crois que ce n'est *pas* le cas, et que cela peut être facilement montré.

Il y a deux catégories distinctes de référence à la circoncision dans l'Ancien Testament. D'un côté il y a plusieurs références à la circoncision physique comme signe de l'alliance que Dieu a fait avec Abraham (Gen. 17.10 et suivant) et en tant que marque continuelle de l'alliance sous la loi de Moïse (Lev. 12.3). De l'autre côté il y a plusieurs passages qui font référence à la circoncision dans un sens figuré qui n'a pas de connexion intrinsèque avec la circoncision physique du tout. Par exemple, Moïse se plaint d'être « incirconcis de bouche » (Ex. 6.12, 30), c'est-à-dire qu'il est un porte-parole incompétent et peu convainquant. Le fruit de certains arbres est appelé « incirconcis » (Lev. 19.23), c'est-à-dire, interdit ou hors limite comme tous les païens.

Le sens figuré le plus important dans la seconde catégorie est l'utilisation prophétique de la circoncision et de l'incirconcision représentant certains états spirituels ou de condition du cœur. Jérémie parle des oreilles incirconcis, c'est-à-dire des oreilles qui n'entendent pas la parole de Dieu (Jer. 6.10). D'autres parlent de la condition la plus fondamentale d'un cœur incirconcis, c'est-à-dire un cœur rebelle contre Dieu et rempli de péché, qu'il s'agisse des juifs (Lev. 26.41 ;

COLOSSIENS 2.11-13 <•> *Chapitre Onze*

Jer. 9.26) ou des païens (Eze. 44.7,9). Le Seigneur a incité les pécheurs en Israël à circoncire leurs cœurs : « Vous circoncirez donc votre cœur, et vous ne roidirez plus votre cou. » (Deut. 10.16). « Circoncisez-vous pour l'Eternel, circoncisez vos cœurs » (Jer. 4.4). En ce que je prends pour une promesse messianique, Dieu dit, « L'Eternel, ton Dieu, circoncira ton cœur et le cœur de ta postérité, et tu aimeras l'Éternel, ton Dieu, de tout ton cœur et de toute ton âme, afin que tu vives. » (Deut. 30.6)

Maintenant le point important qu'il faut remarquer : *il n'y a pas de connexion intrinsèque entre la circoncision physique et la circoncision spirituelle décrite par le prophète*. La première n'a pas été donnée pour représenter la dernière, et la dernière n'a pas été nécessairement présentée à tous ceux qui avaient la première. En fait, la relation entre elles est accessoire et fortuite. La circoncision physique en tant que signe d'alliance était une réalité de la vie dans Israël, et en tant que tel, elle sert comme illustration ou analogie constante et pratique pour le point que le prophète veut établir sur l'état spirituel du cœur. Sauf pour cette relation d'analogie accessoire, les deux genres de circoncision sont indépendants et sans rapport.

Comment cela est-il lié au baptême et à l'enseignement de Paul dans Colossiens 2.11-13 ? De cette façon : la seule circoncision de l'Ancien Testament qui n'a *aucun* lien au baptême est la circoncision *spirituelle* que le prophète a décrite. Colossiens 2.11 parle d'une telle circoncision, un changement dans la condition spirituelle intérieure. Dans le temps de l'Ancien Testament ce genre de changement était limité à ce que l'individu pouvait faire pour lui-même ; ainsi les Israélites ont été exigés de circoncire leurs propres cœurs. Mais selon la prophétie (Deut. 30.6) il y aurait un temps où Dieu lui-même viendrait pour circoncire les cœurs des croyants pénitents. Je crois que cela fait référence au don du Saint-Esprit dans ce nouvel âge, l'Esprit qui lui-même amène la vraie régénération sur le cœur du pécheur. C'est la « circoncision faite sans la main » déclaré par Colossiens 2.11.

Le point important est *qu'il n'y a aucune référence à la circoncision physique dans Colossiens 2.11-13 du tout*. Elle est présente seulement dans le même sens qu'elle l'était dans la référence prophétique, à savoir, en tant que contexte analogique. Paul ne fait pas d'affirmation sur la relation entre le baptême et le signe de la circoncision dans l'alliance

Chapitre Onze <•> **COLOSSIENS 2.11-13**

abrahamique. Sa seule référence est à la circoncision spirituelle et intérieure du cœur.[7]

Comment la circoncision spirituelle est-elle liée au baptême ? Paul dit que cette œuvre merveilleuse, cette « puissance de Dieu, » cette « circoncision de Christ »régénératrice qui donne la vie *a lieu dans le baptême*. C'est ironique qu'un passage qui enseigne si clairement et si énergiquement une forte opinion sur le baptême soit utilisé si souvent dans un effort d'établir une vue opposée.[8] Peut-être que est-ce une question des oreilles incirconcises (Jer. 6.10).

Ainsi on conclut qu'un effort d'assimiler le baptême à la circoncision basé sur Colossiens 2.11-13 est un abus de ce passage. L'assimilation alléguée est sans fondement.

Sommaire

Dans ce passage nous avons vu que Colossiens 2.11-13 fait les points suivants. D'abord, le baptême est le moment où nous sommes ensevelis avec Christ dans sa mort pour provoquer la mort de notre nature pécheresse, un évènement appelé la circoncision spirituelle, ainsi préparant le chemin pour la résurrection à la nouvelle vie. Deuxièmement, le baptême est le moment où la résurrection à cette nouvelle vie se produit. Cette résurrection à deux sens : nous sommes ressuscités après la mort *au* péché, et nous sommes ressuscités de l'état de la mort *dans* le péché. Troisièmement, même s'ils se passent dans le baptême, cet ensevelissement et cette résurrection se produisent *à travers la foi*, ainsi excluant le baptême régénérateur et le baptême des bébés. Enfin, la seule circoncision liée avec le baptême est la circoncision spirituelle du cœur, qui se produit au moment du baptême. Il n'y a pas de relation intrinsèque entre la circoncision physique et le baptême du tout.

NOTES

1. La nature complémentaire de ces deux passages sera discutée dans le prochain chapitre quand la relation entre le baptême et la grâce sera discutée.
2. De même ici et dans le verset 11, comme dans plusieurs autres passages dans les lettres de Paul, le terme *chair* ne fait pas référence au corps physique mais au côté pécheur de notre nature. C'est une implication éthique plutôt que métaphysique.

COLOSSIENS 2.11-13 <•> *Chapitre Onze*

3. Cette condition peut être appelée état de *dépravation*, mais cela ne devrait pas être confus avec la doctrine de dépravation *totale*. Voir Jack Cottrell, *His Truth* [Sa Verité] (Joplin, Mo. : College Press, 1989), 42-46.

4. Le NIV, dans son mode reformulaire, ne traduit pas *en ho* mais retient le sens : « Dans le baptême vous avez été ensevelis avec lui et ressuscité avec lui. » L'ensevelissement et la résurrection sont « dans le baptême. » Certains essaient d'attribuer la référence du *en ho* à Christ (« dans lequel »), mais les considérations grammatiques et textuelles excluent cela. Pour une résumé de cette vue voir Beasley-Murray, *Baptism in the New Testament* [Le Baptême dans le Nouveau Testament], 153-154.

5. Voir G.W. Bromiley, « Baptismal Regeneration » [Le Baptême de Régénération,] *Evangelical Dictionary of Theology* [Dictionnaire Evangélique Théologique,] ed. Walter A. Elwell (Grand Rapids : Baker Book house, 1984), 119. Au regard ce de point le baptême est « automatiquement efficace, » dit-il.

6. Les Luthériens ont essayé d'éviter cette conclusion en avançant l'unique doctrine de la foi des enfants : les enfants *peuvent* croire, et Dieu les confère la foi quand ils sont baptisés.

7. Des autres références dans le Nouveau Testament pour la circoncision spirituelle incluant Actes 7.51 ; Romains 2.25-29 ; Philippiens 3.3. Voir Éphésiens 2.11 ; Colossiens 2.13.

8. L'argument est ainsi : ici dans Colossiens Paul assimile le baptême et la circoncision de l'Ancien Testament ; la circoncision de l'Ancien Testament était le signe d'appartenance à l'alliance ; ainsi le baptême est le signe d'appartenance à l'alliance – et rien de plus.

12

TITE 3.5

On penserait que, après avoir examiné dix passages du Nouveau Testament sur le baptême en détail, on ne trouverait aucune nouveauté dans les deux derniers passages. Dans une certaine mesure, c'est vrai. Néanmoins il est important d'étudier tous les textes qui traitent la signification du baptême afin que nous soyons impressionnés par la cohérence des enseignements du Nouveau Testament sur ce sujet.

Cela s'applique certainement à Tite 3.5. Il n'y a pas trop de nouveauté en substance, bien que quelques détails d'expression soient différents de ceux que nous avons rencontrés. De toutes façons, ce chapitre confirmera les conclusions des chapitres précédents, surtout sur le sujet de comment le baptême est lié au Saint-Esprit et à la régénération. Un sujet qui a reçu peu d'attention jusqu'ici et qui sera étendu ici est la relation entre le baptême et la grâce.

Voici le texte que nous considérons, avec la phrase complète dans laquelle il apparaît (Tite 3.4-7) :

> Mais, lorsque la bonté de Dieu notre Sauveur et son amour pour les hommes ont été manifestés, il nous a sauvés, non à cause des œuvres de justice que nous aurions faites, mais selon sa miséricorde, par le baptême de la régénération et le renouvellement du Saint-Esprit,… qu'il a répandu sur nous avec abondance par Jésus-Christ notre Sauveur, afin que, justifiés par sa grâce, nous devenions, en espérance, héritiers de la vie éternelle.…

Le Baptême et le Salut

Le thème principal de ce passage est le salut. Le Père (v. 4) et le Fils (v. 6) sont nommés comme « Sauveur. » Le verset 4 semble faire référence spécialement à l'incarnation de Christ et par inférence, à son œuvre générale d'expiation et de résurrection. Les versets 5-7, de l'autre côté, semblent faire référence à l'application de ce salut à l'individu. C'est le point principal de ce passage, à savoir, comment Dieu sauve le pécheur individuellement.

Le verbe clé est dans le verset 5, « il nous a sauvés. » Il est au temps aoriste, qui veut dire qu'il fait référence à une action complète au passé simple. C'est certain qu'il y a des aspects du salut au présent et au futur qui ne sont pas encore complètement déterminés. Néanmoins à un moment précis dans le passé de chaque chrétien individuellement, il y avait une action simple de Dieu, l'effet de l'expérience du salut. Nous pouvons dire que nous *avons été sauvés* (Eph. 2.5, 8).

Le contenu du salut est en essence la « double cure » du pardon et de la régénération. Le verset 7 mentionne ce premier (« être justifié ») mais ne l'élabore pas. L'accentuation dominante tombe sur la régénération (aussi appelé renouvellement) dans le verset 5. Encore, cela fait référence au changement intérieur que Dieu produit dans nos cœurs quand nous nous soumettons à lui dans la foi et la repentance. C'est l'équivalent de la nouvelle naissance de Jean 3.3-5, la mort et la résurrection avec Christ de Romains 6.3-5, la circoncision spirituelle de Colossiens 2.11, et la résurrection et la régénération de Colossiens 2.12-13.

Les deux termes utilisés pour le concept de régénération dans Tite 3.5 n'ont pas été utilisés dans les passages étudiés jusqu'ici. Le premier est le mot grec *palingenesia*. Parmi tous les termes équivalents qui représentent ce concept, c'est le seul qui est traduit comme « régénération. » C'est utilisé dans le Nouveau Testament seulement ici et dans Matthieu 19.28, où il fait référence au renouvellement de l'univers entier à un point eschatologique, le « nouveau ciel et la nouvelle terre. » Seulement ici dans Tite 3.5 y a-t-il une référence à la régénération d'un individu.

Ce terme est une combinaison de deux mots grecs : *palin*, qui veut dire « encore » (« re - ») et *genesis*, qui veut dire « commencement » ou « naissance. » Donc cela veut dire un nouveau commencement, une nouvelle naissance, une renaissance. Son équivalent à être « né de nouveau » de Jean 3.3 est évident. Dans la littérature grecque séculaire il est parfois utilisé dans le sens de « revenir de la mort à la vie, »[1] qui montre sa similarité à la résurrection ou régénération de Romains 6.3 et suivant et Colossiens 2.12-13. Ici dans Tite 3.5 il inclut principalement l'idée de « l'achèvement d'une nouvelle vie par la fin de l'ancienne vie » ainsi que l'idée d'un renouvellement moral.[2]

Le deuxième terme, synonyme du premier, est *anakainosis*. Cela veut dire « renouvellement, » de la définition du verbe « renouveler, rendre nouveau. » C'est basé sur le mot *kainos*, qui veut dire quelque chose de nouveau et distinctif comparé à l'ancien, quelque chose de nouveau et mieux comparé à l'ancien.[3] Certains pensent que ce terme diffère de la régénération en ce que ce dernier fait référence à un évènement instantané de renaissance pendant que le premier fait référence à un processus de renouvellement en cours. Alors que c'est vrai que le « renouvellement » représente quelquefois un tel processus (voir 2 Cor. 4.16 ; Col. 3.10), ici dans Tite 3.5 il fait référence à l'acte du passé simple aussi appelé régénération.

Le point essentiel communiqué par les deux termes est que Dieu nous a *sauvés* quand il nous a régénérés et renouvelés, quand il nous a causé d'être nés encore de nouveau dans une nouvelle vie qui est mieux que l'ancienne.

Quel était le point exact où le salut est arrivé ? Aucun autre que l'évènement appelé *le lavage* (Grec, *loutron*). Dieu nous a sauvés, dit Paul, par le lavage qui mène à la régénération et au renouvellement. En vue des autres utilisations dans le Nouveau Testament du mot *loutron* et ses verbes, *louo*, il serait déraisonnable de nier que c'est une référence au baptême. Dans l'opinion d'Oepke, avec trois exceptions, toutes les utilisations du verbe « sont liées à la libération du péché, et spécialement au baptême. » Le nom (*loutron*) « est utilisé seulement pour cela. »[4] « Tous les passages pertinents montrent que, dans la mesure où les usages théologiques sont concernés, » ces termes sont « des termes du baptême. »[5] Nous avons déjà vu comment tout ce qui est lié au lavage ici dans Tite 3.5 (le salut, la régénération, le Saint-Esprit) est lié au baptême dans des autres passages du Nouveau Testament. « Tout bien considéré, » dit Beasley Murray correctement, « cela exige une vraie hardiesse d'esprit de refuser le point de cette évidence. »[6]

Dans ce passage le baptême est lié au salut par un terme puissant : « Il nous a sauvés…*par* le lavage. » Le mot grec pour *par* est *dia*, qui, avec le cas génitif (ici) veut dire « par, à travers, au moyen de, » ou peut faire référence à la cause ou l'instrument par lequel quelque chose est amené ou au temps ou à l'occasion quand le fait a eu lieu.[7] C'est le même terme utilisé dans Romains 6.4, qui dit que nous avons été ensevelis avec Christ *à travers* le baptême dans la mort (le Sien et le nôtre). D'autres expressions fortes que nous avons déjà examinées sont Jean 3.5, qui dit que nous sommes nés de nouveau *de (ek)* l'eau ; Éphésiens 5.26, qui dit que Christ a purifié l'église *par* le baptême d'eau (datif des moyens) ; et Colossiens 2.12, qui dit nous avons été ensevelis et ressuscités avec Christ *dans (en)* le baptême. *Au moins*, les expressions telles que ceux-là et celui-ci dans Tite 3.5 expliquent que le baptême est le *moment durant lequel* Dieu nous a sauvés.

Le langage lui-même mériterait le concept *causal* fort, mais il est exclu parce que (comme nous l'avons déjà noté) ni l'eau ni l'acte physique du baptême ne peuvent littéralement causer le changement dramatique qui se produit dans le baptême, et parce que les Écritures spécifient que la cause actuelle de ce changement est le sang de Christ et le Saint-Esprit (voir le prochain paragraphe). Mais il n'y a *aucune raison* pour que Dieu n'eût fixé l'acte du baptême de l'eau *au moment* durant lequel il a promis de faire ces œuvres par ces causes divines. Et selon l'évidence abondante du Nouveau Testament, il l'a fait.

Ce passage est clair que la source ou la cause de notre salut est la Trinité complète. Dans le verset 4 « Dieu notre sauveur » fait référence à Dieu le père. Que sa « Bonté… et son amour pour les hommes ont été manifestés » fait référence à Dieu le Fils, « Jésus-Christ notre sauveur, » qui a envoyé Dieu le Saint-Esprit (v. 6). L'accentuation principale de ce passage est sur l'œuvre spécifique du Saint-Esprit, qui est la source de puissance qui produit la régénération ou le renouvellement qui a lieu dans le baptême (v. 5),[8] un point déjà vu en connexion avec Jean 3.5, Actes 2.38, et 1 Corinthiens 12.13. Cela devrait le rendre clair que l'on ne peut pas attribuer le pouvoir du baptême à l'eau, ni à l'acte lui-même, ni à quelque chose dans la personne qui baptise, ni quelque chose dans la personne qui s'est fait baptiser. Le pouvoir qui amène la régénération et le renouvellement est le Saint-Esprit seulement, qui agit dans le baptême chrétien à un moment divin.

Le verset 6 dit que Dieu « a répandu » le Saint-Esprit sur nous richement à travers Jésus-Christ. Le mot grec pour « répandu » est *ekcheo* (prononcé ek-KEH-oh), qui est aussi utilisé dans Actes 2.17-18 et 2.33 pour l'épandage général du Saint-Esprit au jour de la Pentecôte. Ce jour-là Dieu a promis de donner le Saint-Esprit à ceux qui se repentent et sont baptisés au nom de Jésus. C'est-à-dire, il a promis un épandage *individuel* du Saint-Esprit qui sera un bonheur à tous ceux qui le reçoivent. Tite 3.5-6 fait référence au Saint-Esprit répandu sur un individu au moment du baptême. En d'autres termes, le baptême est la Pentecôte personnelle d'un individu.[9]

Le Baptême et la Grâce

Nous tournons maintenant au sujet très important de la relation entre le baptême et la grâce. L'une des objections les plus fortes que beaucoup de Protestants ont sur la compréhension du baptême reflété dans ce livre est leur conviction sincère qu'une telle vue contredit l'enseignement biblique du salut par la grâce seulement. Il souligne avec raison la grande vérité enseignée dans Ephésiens 2.8-9, « Car c'est par la grâce que vous êtes sauvés, par le moyen de la foi. Et cela ne vient pas de vous, c'est le don de Dieu. Ce n'est point par les œuvres, afin que personne ne se glorifie. » Et puisqu'ils sont fermement convaincus que le baptême en tant qu'obéissance à une commande se trouverait dans la catégorie des œuvres, ils sont réfractaires à tout effort de l'identifier comme le moment où Dieu nous sauve.

On doit insister, néanmoins, que cette contradiction supposée entre le baptême pour le salut et le salut par la grâce existe seulement dans les pensées des hommes et pas dans celles de Dieu. Sans question, la Bible enseigne clairement que nous sommes sauvés par la grâce seulement. Mais en même temps, comme on l'a vu, *tous les passages de la Bible* qui disent quelque chose sur la signification du baptême le représentent d'une façon quand Dieu confère sa grâce au pécheur. C'est suprêmement vrai de Tite 3.4-7, comme nous le verrons en détail.

Selon la Bible, il y a deux façons différentes et séparées par lesquelles une personne peut être sauvée. On pourrait les appeler façons de la *loi* ou de la *grâce* (voir Rom. 6.14). Sous la façon de la loi, une personne essaie d'être sauvée par ses propres œuvres, à savoir, par ses actes d'obéissance aux commandements de Dieu dans son rôle en tant que Seigneur et Chef. Sous la façon de la grâce, une personne essaie d'être sauvée par sa foi dans les œuvres de Dieu, à savoir, par sa confiance et sa soumission en acceptant les promesses de Dieu dans son rôle en tant que Rédempteur et Sauveur.

Aussi selon les écritures, seulement la dernière façon peut sauver le pécheur. Il est impossible qu'un pécheur soit sauvé par la loi. C'est parce que dès qu'un péché a été commis, il n'y a rien que le pécheur pourra faire peut payer le prix du péché, même s'il pouvait vivre une vie parfaite après avoir commis ce seul péché – qui devient une impossibilité pratique pour le pécheur. Ainsi tous ceux qui espèrent être sauvés doivent cesser d'essayer de se sauver par la loi ou par leurs œuvres, et doivent compter sur la grâce de Dieu seulement. Cela ne veut *pas* dire cependant, qu'il devrait ignorer la loi de Dieu (ses commandements) et cesser de faire des bonnes œuvres (obéir à ses commandements). En effet, les œuvres faites dans l'obéissance à la loi ou aux commandements font une partie intégrale de la vie chrétienne. La loi est toujours normative pour notre sanctification, bien que pas pour notre justification ni pour l'assurance de notre salut.

Où le baptême rentre-t-il ? La réponse typique des Protestants est que le baptême fait partie de la sphère de la loi, une œuvre dans l'obéissance aux commandements. Ainsi devrait-il être fait comme une « bonne œuvre » de la vie chrétienne, en tant qu'un pas dans le processus de la sanctification. Mais (ainsi il est dit) être baptisé afin d'être sauvé est l'abandonnement de la grâce et la tentation d'être sauvé par la loi. Un fait crucial, néanmoins, est : La Bible *n'a* jamais traité le baptême comme une action de loi ni comme simple acte d'obéissance en réponse à un commandement. Quand la distinction est pertinente au contexte, la Bible *exclut toujours* le baptême de la catégorie de loi (des œuvres, des commandements) et *l'inclut* dans la catégorie de grâce (la foi, la promesse). Comme nous l'avons vu, Matthieu 28.18-20 distingue le baptême de la catégorie d'obéissance à tous les commandements de Christ, c'est-à-dire, de la catégorie de la loi. Dans Marc 16.16 et Actes 2.38-39 il est clair que le baptême est dans l'essence une promesse – un autre concept de grâce. Dans Romains 6.3-4 et Galates 3.26-27, le baptême est présenté comme une action de grâce au centre de la discussion du contraste entre la loi et la grâce, où l'idée que quelqu'un peut être sauvé par l'action de loi (comme la circoncision) est rejetée.

La nature de la grâce associée au baptême n'est nulle part si évidente qu'ici dans Tite 3.4-7. Le contraste entre la loi et la grâce comme voies du salut est explicite. Nous ne sommes *pas* « sauvés sur des actes de justice, mais selon sa miséricorde,... étant justifiés par sa grâce. » Les « actions que nous avons faites dans la justice » sont les bonnes œuvres de la vie chrétienne, acceptables à Dieu en tant que telles, mais inutiles pour procurer le salut. La seule façon d'être sauvé est par sa miséricorde et sa grâce. Maintenant, le suivant doit bien être observé. Le baptême est bien distinct de la catégorie des œuvres en considérant leur rapport fonctionnel : *pas* sur le fondement des œuvres *mais* par le lavage de la régénération et de renouvellement du St-Esprit. Aussi, la référence au lavage est placée confortablement entre la miséricorde et la grâce en tant qu'une partie naturelle du paquet entier. Ainsi ce passage enseigne explicitement ce qui est implicite à travers le Nouveau Testament, que le baptême d'eau n'est pas une « œuvre » mais une question de grâce.

Il n'est pas strictement vrai de dire que le baptême n'est pas une « œuvre » du tout. Plus précisément, ce n'est pas une œuvre *humaine* mais une œuvre *divine*, « un travail de Dieu » – un fait qui souligne son essence plus comme la grâce, puisque la voie de la grâce pour le salut est dès le commencement à sa fin une question d'œuvre de *Dieu* et non les nôtres. Martin Luther, qui a défendu la signification du baptême du Nouveau Testament mieux que tous autres, était souvent accusé par ses opposants d'être incohérent sur ce point. Comment peux-tu enseigner cette position sur le baptême, disaient-ils, et en même temps enseigner le salut par la grâce à travers la foi ? Le baptême n'est-il pas une œuvre, et l'œuvre n'est-elle pas inutile pour le salut ? La réponse classique de Luther est celle-ci : « Oui, il est vrai que nos œuvres ne sont pas utiles pour le salut. Le baptême, néanmoins, n'est pas notre œuvre mais celle de Dieu, » et les œuvres de Dieu ont un pouvoir pour sauver et sont « nécessaires pour le salut. »[10]

Si le Nouveau Testament enseigne quelque chose sur le baptême, il enseigne que c'est *l'œuvre* de Dieu. Il réclame ce point, qui devrait être clair pour tous ceux qui ont suivi la discussion dans ce livre

TITE 3.5 <•> *Chapitre Douze*

jusqu'à maintenant. Comme nous l'avons noté, les seules choses faites par la personne baptisée est de croire et de prier. Dans toute autre chose la personne est complètement passive. Même dans l'action physique il permet à quelqu'un d'autre de le mettre dans l'eau et de l'élever hors de l'eau après. Spécialement du côté spirituel du baptême il fait appel simplement à Dieu de compléter ses œuvres promises, et lui fait confiance que Dieu les fera. Quelles sont ces œuvres ? Ils sont l'union avec Christ, spécialement dans sa mort et sa résurrection ; l'union avec la Trinité entière ; le pardon ou le lavage des péchés (justification) ; une conscience claire (voir le prochain chapitre) ; la mort au péché ; l'ensevelissement de l'ancienne nature et la résurrection à la nouvelle vie ; le don du Saint-Esprit ; la régénération et le renouvellement, la nouvelle naissance ; la sanctification ; l'union avec le corps de Christ ; et enfin, le salut. Ce sont les choses que la Bible dit qui sont accomplies pour nous dans le baptême. Ils sont clairement des œuvres du salut et des actes que Dieu seul peut accomplir, et non pas l'homme.

C'est tragique que les protestants se laissent séduire en pensant et déclarant que le baptême est quelque chose que l'homme fait seulement. Les suivants sont des moyens de référence au baptême typique, pas seulement en tant que descriptions mais pour exprimer son essence et son importance : dans le baptême, on fait une réponse, un engagement, on exprime sa foi, on témoigne de sa foi, on annonce sa foi, on confirme son salut, on montre son engagement comme disciple, on s'engage à mener une vie chrétienne. Qu'est-ce que ces actions ont en commun ? D'abord, elles sont tous des actions *humaines*, des choses que *nous* faisons. Plus important, *la Bible ne parle jamais du baptême en de tels termes.* Pourquoi pas ? Parce que dans la Bible le baptême n'est pas considéré comme quelque chose que *nous* faisons, mais à quelque chose que *Dieu* fait. C'est en effet « l'œuvre de Dieu » (Col. 2.12).

Aucun passage ne souligne ce point mieux que Tite 3.5. L'idée centrale ici est ce que Dieu à fait : « Il nous a sauvés. » En connexion avec ceci, deux mots ont une force catégorique, à savoir, « pas » et « nous. » Dans le texte grec le mot « pas » est le premier mot dans le verset, ce qui veut dire qu'il doit être spécialement accentué. Aussi dans le texte grec le mot « nous » est normalement compris dans la forme du verbe, mais ici le pronom lui-même est ajouté – quelque chose qui est fait seulement pour souligner son importance. Alors pour mieux comprendre sa bonne accentuation, le verset devrait se lire ainsi: « Il nous a sauvés, PAS sur la base d'actions que NOUS avons faites. » Comment, alors ? Par le baptême ! Comment cela ? Parce que c'est là que Dieu, le Saint-Esprit, travaille dans ses œuvres de régénération et de renouvellement ! Il ne pouvait pas être plus clair que le baptême est l'œuvre de Dieu et non celle de l'homme, et ainsi une œuvre de pure grâce.

Pour ceux qui veulent se refugier dans Éphésiens 2.8-10, qui semble résumer toute l'image du salut sans mentionner le baptême, on revient à un point mentionné dans le dernier chapitre mais pas à son développement. Je parle de l'importance du parallèle entre le contenu d'Éphésiens 2.1-11 et Colossiens 2.11-13. On doit se rappeler que ces deux épîtres de Paul sont deux de ses « épîtres de prison, » écrites quand il était emprisonné à Rome. Pour la plupart ils traitent les mêmes sujets, même si l'une n'a pas tous les détails contenus dans l'autre. Comme les évangiles, ils se complètent, ils doivent être lus ensemble pour capter toute l'image.

Dans ces deux passages spécifiques le sujet est le même, à savoir, comment un pécheur spirituellement mort devient un chrétien vivant. Le tableau ci-dessous montre l'identité des thèmes et les expressions y contenues.

Les parallèles sont évidentes et assez frappantes. Aussi frappant est le fait que la seule chose qui n'est pas mentionnée dans Colossiens et qui apparaît dans Éphésiens est la *grâce*, et la seule chose qui n'est pas mentionnée dans Éphésiens et qui apparaît dans Colossiens est le *baptême* ! Maintenant, parce que la grâce n'est pas spécifiquement mentionnée dans Colossiens, est-ce que quelqu'un suggèrerait que la grâce n'a pas de place sur le chemin du salut représenté ici ? La réponse est sûrement non. Nous comprenons tous, surtout en vue de la nature parallèle de ces passages, que la grâce est simplement un détail que Paul n'estime pas nécessaire dans Colossiens, sans doute parce qu'il est souligné ailleurs. *La même idée s'applique pour le baptême par rapport au passage d'Éphésiens*. Même s'il n'est pas spécifiquement mentionné, on ne peut *pas* nier que c'est parfaitement cohérent avec ce qui est y nommé. Combinant les pensées d'Éphésiens 2.8-10 et Colossiens 2.12, on a ce « plan du salut » biblique, orienté par la grâce: **PAR LA GRÂCE**

TITE 3.5 <•> *Chapitre Douze*

(comme le fondement de salut) ; À TRAVERS LA FOI (comme les moyens) ; DANS LE BAPTÊME (comme le moment) ; POUR DES BONNES ŒUVRES (comme le résultat).[11]

	Eph. 2 (versets)	*Col. 2* (versets)
1. L'état perdu du pécheur		
a) Mort dans le péché	1, 5	13
b) Spirituellement incirconcis	11	13
2. L'état sauvé du chrétien		
a) Vivant avec Christ	5	13
b) Ressuscité avec Christ	6	12
c) Assis en-haut avec Christ	6	(3.1-3)
d) Spirituellement circoncis	11	11,13
3. Comment la transition est faite		
a) Par l'œuvre de Dieu	10	12
b) Par la grâce	8	
c) À travers la foi	8	12
d) Dans le baptême		12

Si on écoute vraiment ce que dit la Bible sur l'importance de baptême, on ne pourrait pas résister à la conclusion suivante : rien n'est plus cohérent avec le salut par la grâce que le salut par le baptême.

Sommaire

Dans ce chapitre nous avons vu d'abord que le sujet principal de Tite 3.4-7 est le salut individuel. Le contenu de ce salut est la double cure, avec une accentuation spéciale donnée à la régénération. Le moment de la régénération est le baptême, et le pouvoir qui l'accomplit est le Saint-Esprit.

L'autre point dans ce chapitre est la relation entre le baptême et la grâce. De dire que nous sommes sauvés par (ou dans) le baptême n'est pas une contradiction de grâce, puisque la Bible n'a jamais inclus le baptême dans la catégorie des « bonnes œuvres » ou obéissance au commandement de la loi. En fait le baptême n'est pas une œuvre humaine du tout, mais une œuvre de Dieu lui-même. Ainsi nous ne sommes pas surpris que la Bible inclut toujours le baptême dans la sphère de la grâce.

NOTES

1. Friedrich Buechsel, γίνομαι, etc., *Theological Dictionary of the New Testament* [Dictionnaire Théologique du Nouveau Testament], ed. Gerhard Kittel, tr. Geoffrey W. Bromiley (Grand Rapids : Eerdmans, 1964), 1:686.
2. Ibid., 688.
3. Johannes Behm, « καινός, etc., » *Theological Dictionary of the New Testament* [Dictionnaire Théologique du Nouveau Testament], ed. Gerhard Kittel, tr. Geoffrey W. Bromiley (Grand Rapids : Eerdmans, 1965), III:447.
4. Oepke, « λούω, etc., » 302. Les trois exceptions font référence au lavage séculier : Actes 9.37 ; 16.33 ; 2 Pierre 2.22.
5. Ibid., 303.
6. Beasley-Murray, *Baptism in the New Testament* [Le Baptême dans le Nouveau Testament], 210.
7. Pour une discussion complète du terme voir Albrecht Oepke, « διά, *Theological Dictionary of the New Testament* [Dictionnaire Théologique du Nouveau Testament], ed. Gerhard Kittel, tr. Geoffrey W. Bromiley (Grand Rapids : Eerdmans, 1964), II:65-70. Dans Tite 3.5 Oepke dit qu'il y a une signification génitif de *cause ou d'instrument* : « par moyen de, avec, à travers » (66-67).
8. On devrait noter que la syntaxe ou rythme du passage n'est *pas* « le LAVAGE DE RÉGÉNERATION (et) le RENOUVELLEMENT DU SAINT ESPRIT. » mais plutôt « le LAVAGE – de la REGÉNÉRATION ET DU RENOUVELLEMENT – du SAINT ESPRIT. »
9. Beasley-Murray dit, « L'effet total du v. 5-6 est de représenter le baptême comme la contrepartie de l'expérience de l'individu dans l'épandage du Saint-Esprit au jour de la Pentecôte. Le baptême est l'occasion où le Saint-Esprit agit de façon créative dans le croyant » *Baptism in the New Testament* [Le Baptême dans le Nouveau Testament], 211.
10. Martin Luther, « *The Large Catechism* [Le Large Catéchisme] » dans *The Book of Concord* [Le Livre de Concord], ed. et tr. Theodore G. Tappert (Philadelphia : Fortress Press, 1959), 441.
11. Voir une explication plus complète de cela dans mon livre. *His Truth* [Sa Vérité], ch. 10, « La Vérité à propos de la Conversion : La Réponse de l'Homme. »

13

1 Pierre 3.21

Le dernier passage dans le Nouveau Testament qui traite de la signification du baptême est 1 Pierre 3.21, « Cette eau était une figure du baptême, qui n'est pas la purification des souillures du corps, mais l'engagement d'une bonne conscience envers Dieu, et qui maintenant vous sauve, vous aussi, par la résurrection de Jésus-Christ. » C'est la seule déclaration de l'épitre de Pierre (comparée à six autres de Paul), bien qu'Actes 2.38 soit une citation du serment de Pierre le jour de la Pentecôte.

Il est assez convenable que cela devrait être le dernier passage traité dans cette série d'études, puisqu'il symbolise parfaitement tout ce que nous avons dit jusqu'à présent. Il est surtout clair sur le thème central de ce livre, à savoir, l'importance du salut dans le baptême.

Le Baptême Sauve

Après Marc 16.16 ce passage est la déclaration la plus simple et sans équivoque dans le Nouveau Testament concernant la relation entre le baptême et le salut. Avec des mots simples, il dit simplement, « Le baptême maintenant vous sauve. » Cette déclaration est faite après des commentaires sur Noé et l'arche. Selon l'arche Pierre dit, « En elle seulement quelques personnes, huit en tout, ont été sauvées à travers l'eau, » (1 Pierre 3.20). D'une façon cette eau, ou ce salut à travers l'eau, est un type ou une analogie du fait que le baptême sauve des personnes dans l'époque du Nouveau Testament.

La référence à un type ou une analogie indique qu'il y a une connexion figurative quelque part. La version de Louis Segond dit, « Cette eau était une figure du baptême…qui maintenant vous sauve. » En le lisant d'une façon négligente certains l'ont interprété de dire que le baptême lui-même est une forme ou un symbole représentant une autre réalité. Selon la théologie courante du jour, ils concluent que le baptême symbolise ainsi le moment du salut qui s'est déjà passé. Mais c'est juste l'opposé de ce que Pierre a dit. Les deux choses comparées sont l'inondation de Noé et le baptême, et la relation entre eux est de type et antitype. En tant que tel l'inondation est le type ou la figure précédente, et le baptême l'évènement à quoi il pointe. Ainsi le baptême n'est pas le symbole mais la réalité elle-même, et cette réalité est le fait que le *baptême sauve*.

Même si la nature de la réalité est assez claire, la façon dont l'inondation fonctionne en tant que type de baptême est assez difficile à discerner. Le verset 20 dit littéralement que huit personnes ont été sauvées à travers (grec, *dia*) l'eau. Il y a désaccord quant à si « à travers » (*dia*) veut dire « par les moyens de » (LS, « par ») ou « en passant par » (« apporté vers la sécurité grâce à »). Dans le cas précédent l'eau est *l'instrument* du salut au sens qu'il fait flotter l'arche ; dans le dernier cas l'eau est *l'élément par lequel* la famille de Noé est sauvée. Certains pensent que Pierre avait les deux en tête (ainsi la traduction littérale simple « à travers l'eau »),[1] Il pense probablement vers l'usage instrumental, alors, puisque cela correspond plus facilement au baptême. Si nous ne sommes pas habitués à penser à l'eau de l'inondation comme instrument du salut, nous sommes moins préparés à penser à l'eau du baptême comme quelque chose par lequel nous avons besoin d'être sauvés.

Quel que soit le lien précis, ce fait reste clair : dans un certain sens la famille de Noé était sauvée par l'eau de l'inondation, et cela préfigure le fait que le « baptême nous sauve. » Pierre utilise le temps présent quand il fait référence à « maintenant, » dans ce temps présent, comparé à « autrefois » ou « il y a longtemps, » au jour de l'inondation de Noé. L'eau qui a sauvé Noé et sa famille était l'eau de l'inondation, mais l'eau qui nous sauve maintenant est l'eau du baptême.

Un appel à Dieu

Laissant derrière le lien avec l'inondation, on se concentre sur la question la plus importante sur *comment* est on sauvé par le baptême. La réponse ultime est qu'elle sauve à travers le pouvoir divin de la résurrection de Christ, comme nous le verrons dans la section

Chapitre Treize <•> **1 PIERRE 3.21**

« À travers la Résurrection de Christ » ci-dessous. Mais avant l'élucidation de ce point, Pierre commente sur comment le baptême nous sauve au point de vue de ce que nous-mêmes nous faisons dans l'acte du baptême. Qu'est-ce qu'il y a dans notre propre participation dans le baptême qui nous aide à être un instrument ou une voie de salut ?

La réponse est donnée dans la forme d'un contraste : non celui-ci, mais celui-là. Le baptême ne sauve *pas* parce qu'il est « l'enlèvement de la saleté de la chair, » *mais* parce que c'est un « appel à Dieu pour une bonne conscience. » La partie négative de ce contraste fait référence à la fonction physique de l'eau comme moyen de laver la saleté du corps. (Le terme *chair* ici fait référence au corps physique, comme dans 3.18 et 4.1-2). Même si l'eau est un agent effectif pour la purification du corps, ce n'est pas ainsi que le baptême sauve. Plutôt, il sauve dans la mesure où il est un appel à Dieu pour une bonne conscience. C'est une référence du côté spirituel du baptême, en contraste avec son coté physique. L'aspect spirituel du baptême est ce qui vous sauve : pas la façon dont elle purifie le corps mais plutôt la façon dont elle lave la conscience.

Néanmoins on doit faire attention à ne pas tirer des fausses conclusions que le côté extérieur du baptême ou l'immersion dans l'eau n'est pas importante. Même s'il ne sauve pas par son élément physique, c'est quand même le *baptême* qui sauve. Cela ne peut pas être limité à un baptême spirituel prétendu qui n'inclut pas l'eau, puisqu'il y a *un seul baptême* dans notre expérience chrétienne (Eph. 4.5)[2]. À part cela, le baptême est important dans le contexte de 1 Pierre 3.21. Le fait que le baptême inclut l'eau est ce qui le lie à l'inondation en premier lieu.

Ce que ce texte montre est qu'il y a plus dans le baptême que la simple action d'immersion. Il y a aussi des éléments spirituels et des actions là-dedans : ceux aussi qui font partie du baptême ce sont ceux qui lui donnent son pouvoir de sauver. L'un de ces éléments spirituels qui sauve est « l'appel à Dieu pour une bonne conscience. » Le mot clé ici est *appel*, traduit par le mot grec *eperotema* (prononcé ep-eh-ROE-tay-mah).

Malheureusement le mot *eperotema* n'est pas facile à traduire, il n'apparaît pas ailleurs dans le Nouveau Testament, ce qui empêche des comparaisons avec son utilisation dans 1 Pierre 3.21. Plusieurs traductions (en fait, des interprétations) différentes ont été défendues. Certains disent que cela devrait être « la *promesse* d'une bonne conscience, » ou la promesse de maintenir une bonne conscience devant Dieu. Celle-ci est la traduction dans la New International Version. Luther a utilisé un mot similaire, *Bund* (qui veut dire alliance ou engagement) dans son Nouveau Testament Allemand. Une autre signification suggérée est « *l'offre* d'une bonne conscience. » C'est-à-dire, dans le baptême Dieu nous offre une bonne conscience. C'est l'opinion de Lenski.[3] Une autre vue est qu'*eperotema* veut dire *répondre* ou réponse, à savoir, le baptême est la façon dont la bonne conscience répond à Dieu. Cette idée est trouvée dans la version King James. Une dernière opinion est que le mot veut simplement dire un *appel* à Dieu pour ou par une bonne conscience (comme dans le NASB, RSV et le NEB). Des variations de cela sont la *prière* (la traduction de Moffatt) et la *demande* (Rotherham's Emphasized New Testament).

Avec tant de suggestions variées il est difficile d'être dogmatique dans notre traduction du mot, mais ma conviction est ferme que la dernière est correcte. La traduction NASB est correcte ; le baptême sauve comme un « appel à Dieu pour une bonne conscience. » La raison pour ce choix est que la signification courante par les formes des verbes pour ce mot sont « demander, solliciter, » dans et hors du Nouveau Testament.[4] Il n'y a pas de bonne raison de dévier de cette signification pour la forme du nom toutefois qu'elle convient dans le contexte de 1 Pierre 3.21.

En fait, la deuxième raison pour l'adoption de cette signification pour ce mot est qu'il *convient* dans le contexte, surtout le lien entre le baptême et le salut. On doit se rappeler que quel que soit *l'eperotema*, il est un aspect du baptême lui-même, et surtout un aspect du baptême qui lui permet de nous sauver. C'est ainsi que la signification du mot doit être cohérent avec le fait que le salut est par la grâce, par l'œuvre de Dieu et non pas par la nôtre. La signification que nous trouvons dans *eperotema* ne doit pas transformer le baptême dans une action que nous faisons, mais doit maintenir son caractère en tant qu'œuvre salvatrice de Dieu lui-même.

À mon avis cela exclut complètement l'idée de promesse ou de vœu (comme dans le NIV). D'abord il n'y a pas d'allusion d'une telle idée associée au baptême nulle part dans le Nouveau Testament. Encore plus important est le fait qu'il est incohérent avec le salut par grâce. Cela voudrait dire que le baptême nous sauve à cause de son caractère en tant que promesse pour maintenir une bonne conscience envers Dieu, car en lui nous faisons le vœu de mener une vie d'obéissance aux commandements de Dieu. Mais une telle promesse est éminemment un acte humain, et plus important encore un acte qui est autonome et auto-culminant. C'est-à-dire, en tant qu'action il est complet en lui-même et n'indique pas au-delà de lui-même vers l'œuvre de Dieu. Cela voudrait dire qu'une action ou une œuvre humaine deviendrait l'élément central du baptême. Et parce que ce passage lie le baptême avec le salut, cela ferait que l'essence de salut du baptême reste en quelque chose que *nous* faisons plutôt que dans quelque chose que Dieu fait. Mais cela serait contraire à la grâce ; ainsi nous rejetons le fait que le baptême sauve car c'est la promesse ou le vœu du participant qui l'engage au salut.

De l'autre côté, l'idée que le baptême est la *réponse* du pécheur à l'offre de salut de Dieu est cohérent avec le salut par la grâce. En tant que tel il serait comparable à un mendiant tendant sa main vide pour recevoir un don offert. Il n'y a rien de contraire à la grâce dans un tel geste. L'opinion manque de fondement lexicographique ferme, néanmoins.

C'est aussi vrai de l'opinion de Lenski que l'*eperotema* est l'offre de Dieu d'une bonne conscience à être donnée dans le baptême. C'est éminemment cohérent avec le salut par la grâce qui est le point que Lenski essaie de faire ; mais cette signification n'est pas ressortie par les lexiques. Lenski contrebalance cela en tournant l'offre dans une question, par exemple, « Dieu met la question devant l'homme qui, s'il veut avoir une bonne conscience, il reçoit la réponse du « oui » fervent de celui qui accepte le baptême. »[5] Le problème avec cela est que cette « question » ou offre n'est pas donnée dans le baptême lui-même mais dans l'évangile déclaré avant le baptême. Dans ce scénario le baptême devient à la fin encore une fois la *réponse* à la question plutôt que la question elle-même.

Dans l'analyse finale la signification méritée par les lexiques et cohérente avec les exigences contextuelles est que le baptême est un appel ou une prière à Dieu pour une bonne conscience. (Dans cette compréhension la phrase « à Dieu » ou « envers Dieu » [Grec, *eis theon*] va avec « appel » non pas « conscience. » Ce n'est pas une « bonne conscience envers Dieu » mais un « appel à Dieu, » comme l'ordre des mots grecs (le suggère lui-même.). Un appel est une sorte de question, dans le sens qu'il est une demande. Greeven dit que cette signification peut être vue dans le verbe dans Matthieu 16.1, et que la forme du nom dans 1 Pierre 3.21 peut être traduite par « prière. »[6] Ainsi le baptême est une prière à Dieu pour une bonne conscience. Même si la prière est quelque chose faite par la personne dans le baptême, il est cohérent avec le salut par la grâce parce que par sa nature elle indique au-delà de soi-même et vers Dieu et souligne l'œuvre divin qui est le cœur et l'essence du baptême. La personne qui se soumet au baptême est en train d'appeler Dieu afin qu'il fasse ce qu'il a promis de faire dans ce moment. Le baptême sauve parce qu'il est la prière du cœur humain pleurant à Dieu pour une purification spirituelle par sa grâce. Au point de vue de la personne, c'est le plus qu'il *puisse* être, mais c'est assez. Dieu lui-même fait le reste.

Cela nous conduit à la troisième et dernière raison pour laquelle *l'appel* est la signification préférée d'*eperotema* dans 1 Pierre 3.21, à savoir, parce que cette idée est l'équivalent d' « invoquer son nom » d'Actes 22.16. Comme nous l'avons vu dans l'étude du passage au-dessus, dans son baptême Saul le pécheur a été encouragé à invoquer le nom du Seigneur pour le salut. C'est exactement le point de 1 Pierre 3.21. Le baptême nous sauve non parce qu'il est quelque chose que nous faisons nous mêmes mais simplement parce qu'il est une prière qui invoque le nom de la seule personne qui a le pouvoir de nous sauver, notre Seigneur Jésus-Christ.

Une bonne conscience

Selon l'Apôtre Pierre, dans le baptême nous prions spécialement pour une « bonne conscience. » Qu'est-ce que cela veut dire ? Puisqu'elle est quelque chose pour laquelle nous prions, elle devrait être un don de Dieu reçu dans le baptême.[7] Dans quel sens Dieu nous donne-t-il une bonne conscience ?

Une personne peut avoir une bonne conscience en ce qui concerne les deux aspects de la double cure du salut. D'abord, il peut avoir une conscience claire parce qu'il fait ce que Dieu l'ordonne de faire, car il maintient une vie sainte et pure devant Dieu. Dieu nous donne une conscience claire dans le baptême dans le sens qu'il nous régénère et nous renouvelle à travers le Saint-Esprit, ainsi nous donnant la possibilité de surmonter le péché et d'être saints. Mais c'est plutôt la *possibilité* d'une bonne conscience au lieu d'une bonne conscience elle-même. Deuxièmement, une personne peut avoir une conscience claire parce que ses péchés ont été pardonnés, parce que sa culpabilité et sa condamnation ont été enlevées (Rom. 8.1) et elle n'est plus chargée de la douleur de sa conscience ou la culpabilité de ses émotions. Dieu nous donne une conscience claire dans le baptême dans le sens qu'il applique le sang de Christ à nos âmes coupables et nous donne le pardon ou la rémission du péché.

Même si les deux idées sont incluses, l'accentuation principale dans 1 Pierre 3.21 est probablement sur le dernier. Le contraste est entre le lavage extérieur du corps, qui ne sauve pas, et la purification intérieure de la conscience, qui sauve. Une telle purification complète est accomplie à travers le don du pardon par le sang de Christ. C'est indiqué par un passage qui est parallèle à 1 Pierre 3.21 d'une façon, à savoir, Hébreux 10.22, « approchons-nous avec un cœur sincère, dans la plénitude de la foi, les cœurs purifiés d'une mauvaise conscience, et le corps lavé d'une eau pure. » Ce verset est sans doute une référence au baptême dans ses aspects extérieur et intérieur. L'idée que le cœur soit *purifié* d'une mauvaise conscience est une référence à la pratique dans l'Ancien Testament de la purification des animaux sacrifiés pour le but d'un nettoyage temporaire cérémonial (Heb. 9.13). L'accomplissement dans le Nouveau Testament est le côté spirituel du baptême, dans lequel le sang de Christ est appliqué au cœur pour nettoyer la conscience. Comme dit Hébreux 9.14 « Combien plus le sang de Christ, qui, par un esprit éternel, s'est offert lui-même sans tache à Dieu, purifiera-t-il votre conscience des œuvres mortes, afin que vous serviez le Dieu vivant! » C'est ce que Dieu a promis de faire dans le baptême, et en entrant dans l'eau du baptême nous réclamons cette promesse en l'appelant à faire son œuvre. C'est ainsi que pendant que le corps est lavé par le sang de Christ, il nettoie le cœur de sa culpabilité avec le sang de Christ ; et nous émergeons de l'eau du baptême avec une conscience claire.

Greeven résume cela quand il dit, « Ainsi la demande d'une bonne conscience... doit être comprise comme une prière pour la rémission du péché. »[8]

1 PIERRE 3.21 <•> *Chapitre Treize*

À travers la Résurrection de Christ

Jusqu'ici la question de *comment* sauve le baptême a été répondue en partie seulement, et dans la moindre partie. La question était comment est-il possible que le baptême en tant qu'acte humain peut avoir le pouvoir de sauver sans violer le principe de la grâce. La réponse est que même en tant qu'acte humain il se concentre entièrement sur l'action divine dans le baptême et montre que l'essence du baptême n'est pas ce que nous faisons mais ce que Dieu fait. Le pouvoir qui sauve dans le baptême n'est pas le pouvoir d'une action ni d'une décision humaine mais le pouvoir qui vient de Dieu seulement.

Maintenant la question peut être demandée, par quelle action spécifique divine vient le pouvoir du baptême ? La réponse est, « par la résurrection de Jésus-Christ, qui est à la droite de Dieu, depuis qu'il est allé au ciel, et que les anges, les autorités et les puissances, lui ont été soumis » (1 Pierre 3.21-22). Ce n'est pas pour ignorer le pouvoir de son sang du tout (voir le verset 18). Il reconnait simplement le fait que dans l'analyse finale toutes les autres choses, même la mort expiatrice de Christ, dépendent de sa conquête triomphante de la mort et son règne éternel en tant que Seigneur vivant sur tous ses ennemis. C'est ainsi que « le baptême nous sauve… à travers la résurrection de Jésus-Christ. »

Mais comment la résurrection de Christ donne-t-il au baptême son pouvoir de sauver ? D'abord, il *confirme* les déclarations extraordinaires que Christ a faites aussi que le travail qu'il a déjà fait. Même l'application de sang expiatoire dans son intercession continuelle pour nous dépend de sa résurrection de la mort et de sa position à la main droite de Dieu. Dans ce sens il « a été ressuscité à la vie pour notre justification » (Rom. 4.25, NIV). C'est ainsi que quand nous appelons à Dieu de nous donner une bonne conscience dans le baptême, nous avons confiance qu'il est en vie et qu'il entend notre appel et qu'il est capable de nous répondre.

L'autre façon par laquelle la résurrection de Christ donne au baptême un pouvoir de sauver, et probablement le point le plus important, est qu'il établit *l'autorité* de Christ sur toutes choses. C'est ce qui est souligné dans le contexte, surtout le verset 22. Après la résurrection Jésus a été assis à la main droite de Dieu, indiquant sa participation entière dans le pouvoir et l'autorité de son Père. Par conséquent tous les anges et les autorités et les pouvoirs Lui sont assujettis. C'était après la résurrection que Jésus a réclamé une telle autorité complète : « Tout pouvoir m'a été donné dans le ciel et sur la terre » (Matt. 28.18). La maison d'Israël pourrait crucifier Jésus ; mais en l'élevant de la mort et en l'exaltant à sa propre main droite, « Dieu l'a fait Seigneur et Christ » (Actes 2.32-36). Ainsi exalté, Jésus à maintenant l'autorité de donner des dons aux hommes, c'est-à-dire, de distribuer les bénéfices de ses œuvres. Comme Ephésiens 4.8 dit, « Étant monté en haut, il a emmené des captifs, et il a fait des dons aux hommes. » Ces dons incluraient le don du pardon des péchés et ensuite une bonne conscience et le don du Saint-Esprit. Voici ce qu'il nous offre dans le baptême chrétien, et c'est ainsi que le baptême nous sauve à travers sa résurrection.

Sommaire

Dans ce chapitre nous avons établi quatre points. D'abord, nous avons vu que 1 Pierre 3.21 dit sans équivoque que le baptême sauve. Deuxièmement, du point de vue de la participation humaine, il sauve dans la mesure où il est un appel à Dieu afin qu'il fasse ce qu'il a promis de faire pour notre salut. Troisièmement, notre appel dans le baptême est spécifiquement pour une bonne conscience, qui vient à travers le don du pardon des péchés. Enfin, le pouvoir du baptême pour sauver vient de la résurrection de Christ, qui en tant que Seigneur ressuscité et régnant, a l'autorité de distribuer les dons du salut comme il le veut. Et ce passage montre qu'il choisit de le faire dans le baptême.

NOTES

1. Murray J. Harris, « Appendix, » 1177.
2. Voir la discussion sur ce sujet dans le chapitre 8 sur 1 Corinthiens 12.13 au-dessus.
3. R.C.H. Lenski, *The Interpretation of the Epistles of St. Peter, St. John and St. Jude* [L'interprétation des épitres de St. Pierre, St. Jean et St. Jude] (Minneapolis : Augsburg, 1966), 170-173.
4. Heinrich Greeven, « ἐρωτάω, etc., » *Theological Dictionary of the New Testament* [Dictionnaire Théologique du Nouveau Testament], ed. Gerhard Kittel, tr. Geoffrey W. Bromiley (Grand Rapids : Eerdmans, 1964), II : 685-687 ;

G.T.D. Angel, « Prayer [Prière] [section sur ἐρωτάω], *The New International Dictionary of New Testament Theology* [Le Nouvel Dictionnaire International de la Théologie du Nouveau Testament], ed. Colin Brown (Grand Rapids : Zondervan. 1976), 11 : 879-880.

5. Lenski, *Interpretaion of the Epistles of St. Peter* [Interprétation des épitres de St. Pierre], 172. Il cite Schlatter mais ne donne pas d'information bibliographique.
6. Greeven, « ἐρωτάω), etc., » 688.
7. Ainsi « la bonne conscience » dans ce verset ce n'est pas quelque chose que l'on s'engage à maintenir, et ce n'est pas ce qui nous *motive* à être baptisée.
8. Greeven, « ἐρωτάω, etc., » 688.

Conclusion

Nous reconnaissons que l'opinion sur la signification du baptême présentée ici est très différente de celle tenue par la plupart des Protestants, mais nous prétendons sérieusement qu'elle est l'opinion du Nouveau Testament et que les contenus des textes eux-mêmes ne peuvent pas être interprétés autrement. En tout nous avons étudié douze passages séparés en détail, avec des références à plusieurs autres. Ce qui est remarquable n'est pas seulement le fait qu'ils présentent le baptême comme le moment où Dieu a fixé initialement le don du salut aux croyants, aux pécheurs repentants, mais le fait qu'ils sont *unanimes* de le faire. Ce n'est pas une inférence obscure qui doit être laborieusement forcée au bord des certains textes, mais c'est le thème central de tous ! Et en même temps, aucun autre terme n'émerge pour jouer un rôle secondaire, encore moins pour défier l'idée principale que le baptême soit pour le salut.

Je pense que personne ne peut étudier ces textes objectivement et ensuite nier que c'est la signification du baptême, sans développer une conscience troublée. Et comme le baptême lui-même est un appel à Dieu pour une bonne conscience, je présente ce livre à mes amis et à mes frères afin qu'ils aient une conscience claire sur le baptême. Cela peut être fait, si nous voulons écouter la voix des Écritures et juger nos traditions par ses paroles claires et pures seulement.

Mais certains répondront sûrement que l'autre vue du baptême – « le signe et la clôture » du salut reçu avant – a prédominé pendant si longtemps qu'il *doit* y avoir une validité en elle-même. Même si nous décidons que ce n'est pas valide, comment pouvons-nous le changer sans bouleverser des siècles de traditions et de structure ecclésiastique par des systèmes doctrinaux ?

Par rapport à ces deux préoccupations sérieuses, je ferais seulement deux remarques. D'abord, « l'autre vue » du baptême, celle qui prédomine parmi la plupart des Protestants aujourd'hui, n'est pas si ancienne en comparaison à celle présentée ici comme la vue biblique. La compréhension du baptême comme le moment où Dieu confère le salut était l'opinion unanime dans la chrétienté depuis près de mille cinq cents ans. C'était un consensus partagé par les pères fondateurs

LE BAPTÊME <•> *Conclusion*

de l'église, la théologie catholique du Moyen Age, et de Martin Luther. « L'autre vue », celle qui prédomine maintenant, était la création d'Huldreich Zwingli dans les années 1520.[1] Elle a été adopté par ses partisans, y compris John Calvin ; et surtout à travers l'influence de ce dernier, était répandue à travers la plupart du Protestantisme. C'est ainsi que le concept du « signe et de la clôture » est le nouveau-venu, l'usurpateur. On ne devrait pas avoir de doute sur l'abandon d'une opinion dont les racines ne remontent pas plus loin que Zwingli. On devrait se réjouir dans l'idée d'embrasser une vue dont les racines sont dans le Nouveau Testament lui-même et qui a duré plus d'un millénaire et demi de la domination inébranlable jusqu'à ce que l'usurpateur s'élève.

Le second commentaire est adressé à ceux qui ont peur qu'un tel changement radical dans notre connaissance du baptême constituerait un jugement horrible sur les derniers siècles et spécialement sur le nombre incalculable des croyants sincères qui ont accepté la position sur le baptême de Zwingli. Mon commentaire est une citation de Cyprian, qui au troisième siècle s'occupait considérablement de la question du « baptême hérétique, » à savoir, si le baptême reçu dans des sectes hérétiques était le vrai baptême ou pas. Cyprian déclare que ce n'était pas le cas, et que quelqu'un quittant sa secte et rentrant dans une église orthodoxe devrait recevoir le vrai baptême pour son salut. Mais cette pratique n'a pas été suivie systématiquement, et certains ont été préoccupés de ce que cela voulait dire des ex-hérétiques qui ont été acceptés dans une église sans avoir été baptisés encore. Mais ils étaient réticents à accepter la vue de Cyprian, même s'ils étaient d'accord, car cela faisait un jugement négatif sur les pratiques passées et possiblement sur l'état spirituel de ceux qui ne se sont pas conformés à cette vérité. Voici le commentaire sage de Cyprian, qui, d'après moi, est applicable dans une situation similaire d'aujourd'hui :

> Mais quelqu'un dirait, « alors qu'est-ce qui se passera-pour ceux qui dans le passé, introduisaient l'hérésie à l'église, et ont été reçus sans le baptême ? Le Seigneur est capable dans sa bonté de donner l'indulgence, et de ne pas séparer des dons de son église ceux qui par simplicité ont été admis à l'église, et dans l'église, sont tombés endormis. Néanmoins il ne s'ensuit pas que, parce qu'il y a eu une erreur autrefois, qu'il doit toujours avoir erreur ; puisqu'il est plus

convenable pour des hommes sages qui craignent Dieu, d'obéir heureusement et sans délai à la vérité quand elle est perçue et ouverte, que de lutter contre des frères et des co-prêtres avec persistance au nom des hérétiques.[2]

NOTES

1. Voir ma dissertation doctorale non publiée, « Covenant and Baptism in the Theology of Huldreich Zwingli »[L'alliance et le baptême dans la théologie d'Huldreich Zwingli] (Princeton, NJ : Princeton Theological Seminary, 1971). Mon travail sur Zwingli et le baptême est résumé dans le chapitre 2 du livre édité par David Fletcher, *Baptism and the Remission of Sin : An Historical Perspective* [Le Baptême et la Rémission des péchés : une Perspective Historique] (Joplin, MO : College Press, 1990), 39-81.
2. Cyprian, Lettre 72 :23, « The Epistles of Cyprian, »[Les Epitres de Cyprian], tr. Ernest Wallis, *The Anti-Nicene Fathers* [Les Pères Anti-Nicène], ed. Alexander Roberts et James Donaldson (New York : Scribner's 1886 ; reprint. Grand Rapids : Eerdmans, 1978), V : 385. (L'utilisation de cette citation n'implique pas que ceux qui ont suivis la vue de Zwingli sur le baptême devraient être appelé *hérétique*).

BIBLIOGRAPHIE

Angel, G.T.D. « Prayer [section on ἐρωτάω] [Prière], *The New International Dictionary of New Testament Theology*, ed. Colin Brown. Grand Rapids : Zondervan, 1976. 11 :879-881.

Arndt, William F., et Wilbur Gingrich. *A Greek-English Lexicon of the New Testament and Other Early Christian Literature* [Un lexique anglais-grec du Nouveau Testament et d'autre ancienne littérature chrétienne]. 4 ed. Chicago : Université de Chicago Press, 1952.

Beasley-Murray, G.R. *Baptism in the New Testament* [Le baptême dans le Nouveau Testament]. Grand Rapids : Eerdmans, 1962.

Behm, Johannes, « καινός » *Theological Dictionary of the New Testament* [Dictionnaire Théologique du Nouveau Testament], ed. Gerhard Kittel, tr. Geoffrey W. Bromiley. Grand Rapids : Eerdmans, 1965. 111:447-454.

Bietenhard, Hans. « ὄνομα, etc. » *Theological Dictionary of the New Testament* [Dictionnaire Théologique du Nouveau Testament], ed. Gerhard Friedrich, tr. Geoffrey W. Bromiley. Grand Rapids : Eerdmans, 1967. V: 242-283.

Bromiley, G.W. « Baptismal Regeneration » [La régénération du baptême]. *Evangelical Dictionary of Theology* [Dictionnaire Evangélique de Théologie], ed. Walter A. Elwell. Grand Rapids : Baker Book House, 1984. Buechsel, Friedrich. « γίνομαι » *Theological Dictionary of the New Testament* [Dictionnaire Théologique du Nouveau Testament], ed. Gerhard Kittel, tr. Geoffrey W. Bromiley. Grand Rapids : Eerdmans, 1964. 1 :681-689.

Cottrell, Jack. « Are Miraculous Gifts the Blessings of Pentecost ? » [Les Dons Miraculeux sont-ils des Bénédictions de la Pentecôte ?] *Christian Standard* (May 9, 1982), 117 :9-11.

_____. « Covenant and Baptism in the Theology of Huldreich Zwingli »[L'alliance et le baptême dans la théologie d'Huldreich Zwingli] (Princeton, NJ : Princeton

Theological Seminary, 1971)., dissertation doctorale non-publiée.

_____. *His Truth* [Sa Vérité] Joplin, Mo : College Press, 1989 reprint.

_____. *Thirteen Lessons on Grace : Being Good Enough Isn't Good Enough* [Treize Leçons sur la Grâce : Être bon n'est pas bon assez. Joplin, Mo : College Press, 1988 reprint.

_____. *What the Bible Says about God the Redeemer* [Ce que la Bible dit sur Dieu le Rédempteur.] Joplin, Mo : College Press, 1987.

_____. *What the Bible Says about God the Ruler* [Ce que la Bible dit sur Dieu le Dirigeant]. Joplin, Mo. : College Press, 1984.

Cyprian. « The Epistles of Cyprian » [Les épitres de Cyprian] tr. Ernest Wallis. *The Anti Nicene fathers* [Les Pères Anti-Nicènes], ed. Alexander Roberts and James Donaldson. New York: Scribner's, 1886; reprint Grand Rapids: Eerdmans, 1978. V.- 275-409.

Greeven, Heinrich. « ἐρωτάω, etc. », *Theological Dictionary of the New Testament* [Dictionnaire Théologique du Nouveau Testament], ed. Gerhard Kittel, tr. Geoffrey W. Bromiley. Grand Rapids : Eerdmans, 1964. 11 :685-689.

Harris, Murray J. « Appendix : Prepositions and Theology in the Greek New Testament » [Appendix: les Prépositions et la Théologie dans le Nouveau Testament Grec, ed. Colin Brown. Grand Rapids : Zondervan, 1978. 111 :1171-1215.

Lenski, R.C.H. *The Interpreation of the Epistles of St. Peter, St. John, and St. Jude* [L'interprétation des épitres de Saint Pierre, Saint Jean et Saint Jude]. Minneapolis : Augsburg, 1966.

Luther, Martin. « The Large Catechism » [Le large Catéchisme] *The Book of Concord* [Le livre de Concord], ed. et tr. Théodore G. Tappert. Philadelphie : Fortress Press, 1959. 357-461.

McGarvey, J.W. *Lands of the Bible* [Les Terres de la Bible], Philadelphia: Lippincott, 1881.

Nash, Donald. « Water and Baptism » [L'eau et le Baptême]. *Christian Standard* (April 30, 1978), 113:396-398.

Oepke, Albrecht. « βάπτω, etc. » *Theological Dictionary of the New Testament* [Dictionnaire Théologique du Nouveau Testament], ed. Gerhard Kittel, tr. Geoffrey W. Bromiley. Grand Rapids : Eerdmans, 1964.1 :529-546.

_____. « δία » *Theological Dictionary of the New Testament* [Dictionnaire Théologique du Nouveau Testament], ed. Gerhard Kittel, tr. Geoffrey W. Bromiley. Grand Rapids : Eerdmans, 1964. 11:65-70.

_____. « λούω, etc. » *Theological Dictionary of the New Testament* [Dictionnaire Théologique du Nouveau Testament], ed. Gerhard Kittel, tr. Geoffrey W. Bromiley. Grand Rapids : Eerdmans, 1967. IV : 295-307.

Seymour, Richard A. *All About Repentance* [Tout sur la Repentance]. Hollywood, FL: Harvest House, 1974.

Von Soden, Hans « ἀδελφός, etc. » *Theological Dictionary of the New Testament* [Dictionnaire Théologique du Nouveau Testament], ed. Gerhard Kittel, tr. Geoffrey W. Bromiley. Grand Rapids : Eerdmans, 1964. 1:144-146.

GUIDE D'ÉTUDE

Chapitre 1 : Matthieu 28.19-20

1. Dans la Grande Commission, pourquoi est-il important que le baptême soit distingué de « toutes choses » que les disciples devraient apprendre ? (pages 9-10)
2. Dans 1 Corinthiens 1.10-17, pourquoi Paul a dit-il qu'il était heureux d'avoir baptisé peu de Corinthiens ? Comment ce passage souligne-t-il l'importance du baptême ? (pages 10-12).
3. Le baptême est-il une simple bonne œuvre qui suit le salut chrétien ? Pourquoi oui ou non ? (pages 10-12)
4. Discuter ensemble l'importance d'être baptisé « au nom » du Père, du Fils, et du Saint-Esprit. (pages 13-14).
5. Comment le contenu de notre foi est-il plus complet sous la nouvelle alliance que sous l'ancienne alliance ? (pages 15-17).
6. Pourquoi est-t-il une « erreur sérieuse » d'assimiler le baptême de Jean Baptiste avec le baptême chrétien ? (page 18).

Chapitre 2 : Marc 16.15-16

1. Le texte de Marc 16.9-20 ne faisait peut-être pas partie de l'Evangile originale de Marc. Est-ce que cela affecte notre compréhension de la doctrine biblique du baptême ? Pourquoi oui ou non ? (page 21).
2. Comment la foi et le baptême sont-ils compris d'être similaires dans Marc 16.16 ? (pages 22-23).
3. Dans Marc 16.16, comment le baptême est-il lié au salut ? (page 24)
4. Le salut est lié au baptême par la phrase « celui qui croit et qui a été baptisé sera sauvé. » Néanmoins, le baptême est omis dans la prochaine phrase, « celui qui n'a pas cru sera condamné. » Pourquoi ? (pages 23-24).
5. Dr. Cottrell souligne que quand quelqu'un est baptisé, il ne faisait autant « d'obéir à un commandement » qu' « accepter une pro-

messe. » Pourquoi est-ce une compréhension importante sur le baptême ? (pages 26-27).

Chapitre 3 : Jean 3.3-5

1. Dans Jean 3.5, certains ont vu « l'eau » dans l'enseignement de Jésus pour faire référence à quelque chose autre que le baptême chrétien. Quelles sont les deux alternatives principales ? Pourquoi ne sont-elles pas les meilleures compréhensions du verset ? (pages 29-30).

2. Pourquoi aurait-il été naturel pour Nicodème de comprendre la référence de Jésus à « l'eau » dans Jean 3.5 comme « l'eau du baptême » ? (pages 30-31).

3. Discuter ce que Jésus voulait dire quand il parlait du « royaume de Dieu » dans Jean 3.5. (pages 33-34).

4. Aujourd'hui, il y a beaucoup de discussion sur et utilisation de la phrase « né de nouveau. » Qu'est-ce que cela veut dire d'être « né de nouveau » ? (pages 34-35).

5. Comment l'enseignement de Jésus dans Jean 3.3-5 nous aide-t-il à comprendre la relation entre le baptême et le salut ? (pages 38-39).

Chapitre 4 : Actes 2.38-39 (1)

1. Pourquoi l'enseignement sur le baptême dans Actes 2:38-39 est si important ? (pages 39-40).

2. Qu'est-ce que c'est que la « double cure » du péché, qui est promis dans l'évangile ? (pages 41-43).

3. Comment la repentance est-elle liée à la foi dans la réponse de Pierre à la foule de la Pentecôte ? (pages 43-44).

4. Pourquoi certaines personnes semblent avoir des difficultés d'accepter le baptême comme une condition du pardon et de rémission du don du Saint-Esprit ? (page 44).

5. Pourquoi est-il essentiel de comprendre le baptême dans Actes 2.38-39 comme référence au « baptême de l'eau » ? (page 45).

Guide d'Étude < • > **LE BAPTÊME**

Chapitre 5 : Actes 2.38-39 (2)

1. Discuter l'image de l'eau dans l'Ancien Testament comme elle est associée au pardon des péchés. Comment le baptême chrétien est-il une représentation claire et spécifique de ce pardon ? (pages 47-49).

2. Dans Actes 2.38-39, dans la phrase « pour le pardon des péchés, » le mot traduit « pour » est le mot grec « *eis*. » Discuter des trois significations possibles de ce mot grec en relation avec le pardon des péchés. Est-ce que l'interprétation du Dr. Cottrell vous semble correcte ? (pages 50-51).

3. Discuter la consolation offerte aux chrétiens par la connaissance qu'au moment du baptême, nous sommes pardonnés de tous péchés (passés, présents et futurs). (pages 51-52).

4. Discuter les moments dans Actes (2.1-4 ; 10.44-48) quand le Saint-Esprit a été donné avant le baptême. Pourquoi ceux-là devraient-ils être vus comme des « cas spéciaux » et non pas la norme pour tout chrétiens ? (pages 53-54).

5. Pourquoi Actes 2.38-39 est-il un sommaire excellent pour recevoir Christ par la foi ? (page 55).

Chapitre 6 : Actes 22.16

1. Quand Ananias a parlé à Saul dans Actes 22.16, est-ce que Saul était déjà sauvé ou était-il encore un pécheur non sauvé ? Pourquoi est-il important de répondre à cette question ? (pages 57-59).

2. Dr. Cottrell a cité quatre raisons pour lesquelles le baptême est une condition préalable pour le pardon des péchés. Discuter cet argument. (pages 61-62).

3. Des nombreux passages du Nouveau Testament discutent le concept de « lavage » (1 Corinthiens 6.11 ; Hébreux 10.22 ; Ephésiens 5.26 ; Tite 3.5). Comment ce passage en Actes 22.16 clarifie-t-il les autres passages ? (pages 62-63).

4. Saul a été ordonné « d'invoquer le nom du Seigneur. » Discuter comment cela lie-t-il avec le baptême. Comment cela serait-il appliqué à Saul dans le contexte du passage d'Actes 22 ? Comment cela s'applique-t-il à nous aujourd'hui ? (pages 63-64).

LE BAPTÊME <•> *Guide d'Étude*

5. Que dit Actes 22.16 aux chrétiens aujourd'hui de l'importance du baptême ? (page 65).

Chapitre 7 : Romains 6.3-4

1. Dans Romains 6.3-4, que veut dire la phrase « baptisé *en* Jésus-Christ » ? Discuter la signification de ce que cela veut nous dire dans nos vies quotidiennes. (page 67)
2. Les chrétiens ne sont pas d'accord sur le moment exact où « la mort au péché » nous arrive. Dr. Cottrell donne trois positions principales. Discuter leurs forces et leurs faiblesses. Êtes-vous d'accord avec les conclusions du Dr. Cottrell ? (pages 71-73).
3. Comment l'enseignement sur le baptême dans Romains 6.3-4 indique l'immersion comme la seule forme valide du baptême ? (pages 73-75).
4. En pensant à la « double cure » pour le péché, quel aspect de la « double cure » a rapport avec notre « mort au péché » ? (page 74)
5. Pourquoi une bonne compréhension du baptême donnerait-il au chrétien une forte motivation de mener une vie sainte ? (pages 74-75).

Chapitre 8 : 1 Corinthiens 12.13

1. Discuter de la différence entre les Réformés, les Wesleyans, et les vues traditionnelles du Mouvement de Restauration de ce qu'il veut dire « être baptisé dans l'Esprit. » (pages 78-79).
2. Qu'elle est l'opinion alternative du Dr. Cottrell ? Comment est-il différent des trois opinions mentionnées au-dessus ? Êtes-vous d'accord avec ce raisonnement ? Pourquoi ? (pages 79-80).
3. Discuter la relation entre l'eau et l'Esprit dans « un seul baptême » d'Ephésiens 4.5. (page 80).
4. Qu'elle est la différence entre ce que Dr. Cottrell appelle « l'église visible » et « l'église invisible » ? D'après vous, cela apparaît-il comme une distinction biblique valide ? (pages 82-83).

5. Pourquoi est-il important de comprendre que la référence de l'église de 1 Corinthiens 12.13 est à « l'église invisible » ? (page 84).
6. Comment 1 Corinthiens 12.13 parle-t-il de l'unité de chaque chrétien ? Qu'elle est le fondement de cette unité ? (pages 85-86).

Chapitre 9 : Galates 3.26-27

1. Comment les « bénédictions d'Abraham » mentionnées dans Galates 3.14, ont-elle des rapports avec les chrétiens ? (page 89).
2. Galates 3.16 nous dit que Jésus est le seul vrai héritier de la promesse de Dieu faite à Abraham. Comment cela est-il lié aux chrétiens qui sont « en Christ »? (pages 89-90).
3. Discuter les différents aspects de l'image biblique d'avoir « revêtu Christ. » Comment cela est-il un encouragement pour nous dans nos vies chrétiennes ? (pages 91-92).
4. Comment la foi et le baptême nous lient-ils à devenir « fils de Dieu » à travers l'union avec Christ ? (pages 93-94).
5. Comment les concepts de la circoncision et le baptême diffèrent-ils dans le contexte de Galates 3 ? (pages 95-96).

Chapitre 10 : Ephésiens 5.25-27

1. Qu'est-ce que cela veut dire qu'un chrétien est « sanctifié » ? Discuter les deux différents aspects de sanctification, notant leurs traits uniques. (pages 99-102).
2. Comment le concept d'une église « purifiée » a-t-il rapport avec une doctrine de justification ? Pourquoi Christ doit-il « purifier » l'église avant qu'il puisse la « sanctifier » ? (pages 103-105).
3. Quel argument avance Dr. Cottrell pour identifier la phrase « laver avec de l'eau » avec le baptême chrétien ? Est-ce que cet argument est solide ? (pages 104-105).
4. Comment le nettoyage que nous recevons dans le baptême nous amène dans un contact avec le sang de Christ ? (pages 105-106).
5. Quel rôle joue la « parole de Dieu » en unifiant le sang de Christ et l'eau du baptême ? (pages 106-107).

6. En vue de ce que Christ à fait pour nous, comment notre baptême devrait nous inspirer à mener une vie sainte (« sanctifiée. ») ? (pages 105-106).

Chapitre 11 : Colossiens 2.11-13

1. Quelles sont les raisons données par Dr. Cottrell pour sa déclaration que Colossiens 2.11-13 est peut-être le passage le plus important dans le Nouveau Testament sur la signification du baptême chrétien ? (page 109).

2. Discuter la relation entre les thèmes similaires dans Romains 6.1-11 et Colossiens 2.11-13 (l'enterrement avec Christ ; la mort au péché ; mourir au péché). (pages 109-112).

3. Colossiens 2.11-13 semble indiquer que le moment de notre enterrement avec Christ, comme notre résurrection avec Christ, a lieu au moment du baptême chrétien. Cela rend-t-il négative l'importance de la foi ? Pourquoi pas ? (pages 114-119).

4. Quel problème s'élèvent-ils si l'on dit que le baptême est simplement l'équivalent dans le Nouveau Testament au rituel de circoncision de l'Ancien Testament ? (pages 116-118).

5. Qu'elle est le lien entre le baptême et la circoncision dans le contexte de Colossiens 2.11-13 ? (pages 118-119).

Chapitre 12 : Tite 3.5

1. Dr. Cottrell a parlé de la « double cure » du salut dans presque chaque chapitre. Comment cette idée est-elle liée au passage de Tite 3.4-7 ? (pages 121-123).

2. Quels sont les deux termes pour la « régénération » que Paul utilise dans ce passage ? Comment sont-ils similaires dans leurs définitions ? (pages 121-123).

3. Discuter la signification de la phrase, « il nous a sauvés… par le lavage. » Qu'est-ce que cela nous enseigne sur l'importance du baptême ? Êtes-vous d'accord avec l'assertion du Dr. Cottrell que « le baptême est la Pentecôte personnelle de l'individuel » ? (pages 127-129).

Guide d'Étude < • > **LE BAPTÊME**

4. Les chrétiens sont sauvés par la grâce de Dieu (Eph. 2.8-9). Comment le baptême peut-il aussi faire partie des plans de Dieu sans contredire la suffisance de la grâce de Dieu ? (pages 127-131).

5. Paul sépare le baptême des « œuvres que nous avons faites dans la justice. » Si le baptême n'est pas une œuvre humaine qu'est-ce qu'il est? (pages 128-130).

Chapitre 13 : 1 Pierre 3.21

1. Discuter l'analogie entre la famille de Noé « sauvée à travers l'eau, » et le rôle du baptême en sauver les chrétiens. (pages 133-134).

2. Une traduction de la Bible déclare que le baptême est la « promesse d'une bonne conscience envers Dieu. » Pourquoi cela n'est-il pas la meilleure traduction ? Qu'est-ce que la traduction devrait être ? Pourquoi ? (pages 133-138).

3. Dans quel sens Dieu donne-t-il une « bonne conscience » quand nous sommes baptisés ? (pages 138-139).

4. Discuter comment la résurrection de Christ donne au baptême son importance dans le salut. (pages 140-141).

5. Dr. Cottrell résume quatre points principaux dans ce chapitre. Identifier-les. Êtes-vous d'accord avec chacun d'entre eux ? Pourquoi ou pourquoi pas ? (page 141).

Conclusion

1. Pourquoi les conclusions tirées de cette étude biblique du baptême devraient « bouleverser » beaucoup de personnes dans le monde évangélique ? (pages 143-145).

2. Dr. Cottrell fait deux observations finales sur cette étude. Identifier et discuter chacune d'entre elles. (pages 143-145).

3. Est-ce que votre étude sur la parole de Dieu eu égard au baptême a changé vos pensées sur ce thème important ? Si oui, de quelle manière ?

4. Discuter comment une compréhension biblique de baptême peut encourager des chrétiens dans leurs vies quotidiennes.

www.ingramcontent.com/pod-product-compliance
Lightning Source LLC
Chambersburg PA
CBHW062110080426
42734CB00012B/2814